L'HORREUR PÉDAGOGIQUE

Guy Morel
Daniel Tual-Loizeau

L'HORREUR PÉDAGOGIQUE

Parole de profs et vérité des copies

Éditions Ramsay

L'enfant a besoin d'être
à la périphérie d'un groupe,
et non d'en être le centre.

Françoise DOLTO,
L'Échec scolaire (1989).

Propos rapportés par "Le Monde" du Vendredi 24 Sept 99

Préambule

Publier des copies, y compris des copies de baccalauréat, montrer du doigt, pièces à l'appui, les défaillances de l'Éducation nationale est une démarche pour le moins inhabituelle de la part de professeurs.

Une telle entreprise appelle quelques mots d'explication en direction de nos élèves et de nos collègues.

Aux premiers, nous demandons de croire que si nous avons violé le secret du « confessionnal pédagogique », ce n'est pas par goût du scandale, ni pour nous moquer d'eux, de leurs lacunes et de leurs maladresses. Ce ne sont pas les étudiants que les copies accusent, ce sont les politiques d'éducation hasardeuses dont ils sont les premiers à faire les frais.

Aux seconds, nous disons que nous connaissons bien, pour les avoir longtemps partagés, leurs scrupules à mettre sur la place publique leurs interrogations et leurs doutes. Ces scrupules les honorent, eux qui craignent par-dessus tout de porter tort à l'École de la République à laquelle ils sont, comme nous le sommes, profondément attachés. Nous n'aurions pas écrit ce livre, à la fois témoignage et enquête sur les dérives que connaît l'École, si nous n'avions pas eu la conviction que notre inquiétude quant au sort de l'enseignement français était partagée par la plupart des professeurs.

L'horreur pédagogique

Quand ces lignes seront parues, nous serons aux côtés des uns et des autres, comme nous l'étions hier, pour affronter les difficultés d'une nouvelle année scolaire.

Introduction

« Passe ton bac d'abord ! » À quoi rime donc aujourd'hui cette rengaine, et qui peut se permettre de la seriner avec conviction à sa progéniture ?

Tous nos enfants seraient-ils devenus géniaux ? Ils sont censés faire tout ce que papa et maman n'imaginaient même pas à leur âge : pianoter en virtuoses sur leur calculette et sur leur clavier d'ordinateur, surfer sur le Net, parler une ou deux langues étrangères et, bien sûr, bac en poche à près de 80 %, entreprendre des études supérieures de plus en plus longues, visant toujours plus haut pour leur future situation.

Tableau idyllique – à peine troublé par les débordements des « sauvageons » des cités et des ZEP, à peine assombri par la persistance du chômage – de générations polyglottes qui s'apprêteraient à entrer dans le troisième millénaire munies de diplômes « qualifiants », pour rebondir ensuite d'une carrière à une autre, au gré de l'évolution des technologies et des marchés.

Vision démentie cependant par le constat que font comme nous au quotidien beaucoup de professeurs exerçant dans des établissements pourtant sans histoire et sans drame : loin d'être de petits génies, les lycéens d'aujourd'hui, dans leur ensemble, ne maîtrisent pas ou maîtrisent très mal les savoirs fondamentaux sans lesquels aucune progression n'est possible. Pour ceux-là, qui sont l'énorme majorité, l'avenir professionnel reste un mirage, l'adaptabilité une galère, l'intelligence du monde une gageure.

Constat trop pessimiste – certains penseront réac –, vitupérations de has been nostalgiques, grommellements de profs blasés ?

On aura beau jeu de nous faire observer que tout ne va pas si mal partout, que la situation est contrastée, qu'il y a des professeurs comblés et des lycéens qui réussissent. Convenons-en bien volontiers. Mais où sont-ils ces professeurs heureux et ces lycéens performants ?

Aujourd'hui comme hier, on les trouve dans les collèges des beaux quartiers et dans ces bastions de l'excellence que restent les grands lycées de centre-ville, à Toulouse, Rennes, Lille, Grenoble, Lyon, Marseille ou Nantes, et ceux du triangle parisien des Ve, VIe et VIIe arrondissements : Henri-IV, Fénelon, Louis-le-Grand, Victor-Duruy ou Montaigne. Ailleurs, hors de ces territoires privilégiés, quelle est la réalité ?

Dans son numéro 266, du 5 avril 1999, *La Lettre de l'éducation* publiée par *Le Monde* en donne une idée en soulignant : « À la rentrée dernière, plus de 20 % des élèves de sixième ne maîtrisaient pas les compétences de base en lecture, et 38 % d'entre eux en calcul. »

Après cette analyse des résultats de l'évaluation nationale à l'entrée en sixième, on serait curieux de connaître celle de l'évaluation à l'entrée en seconde, et l'on peut légitimement se demander pourquoi il ne semble pas envisagé de la rendre publique. Serait-ce parce qu'elle mettrait en évidence des lacunes tout aussi consternantes chez les élèves qui entrent dans le secondaire et sèmerait l'émoi dans l'opinion ?

Mais pour qui participe aux corrections de ce sondage grandeur nature que constitue chaque mois de juin le baccalauréat, nul besoin d'analyse statistique : les copies des candidats sont d'aussi sûrs indicateurs de tendance. Elles plongent les examinateurs dans une perplexité d'année en année croissante. Qu'y découvrent-ils ?

Des écritures illisibles. Passons, se disent-ils, convaincus, comme beaucoup de parents, que ce combat-là est depuis longtemps perdu. Un emploi anarchique des majuscules et des minuscules, une accentuation et une ponctuation fantaisistes. Faut-il s'arrêter à si peu ?

Plus fâcheux, une orthographe en déroute. Mais comment en tenir rigueur aux élèves quand le ministre de l'Éducation nationale lui-même commet deux fautes dans le livre d'or du Salon de l'agriculture 1998 [1] ? Ou quand on se souvient du bel aplomb avec lequel Jacques Toubon, alors ministre de la Culture, a décrété naguère chez Bernard Pivot, devant d'autres invités ébaubis et cois, qu'interpeller ne devait prendre qu'un *l* ? Passons donc encore…

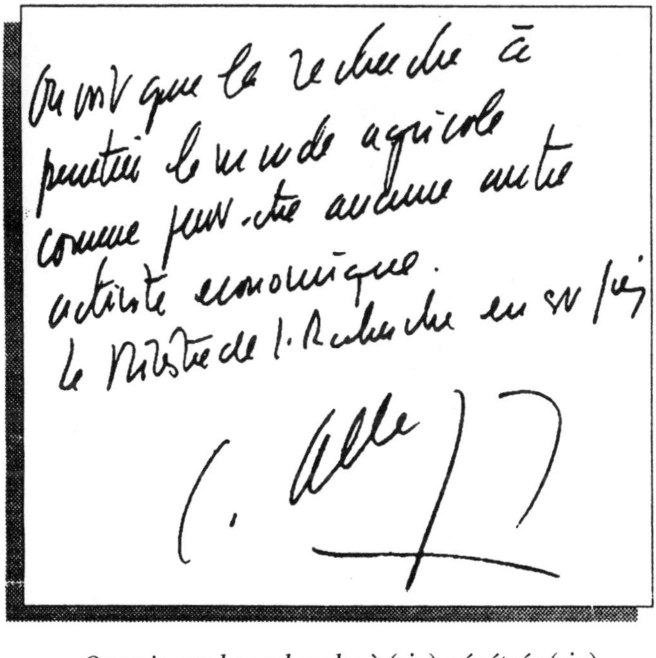

« On voit que la recherche à (sic) *pénétrée* (sic)
le monde agricole comme peut-être
aucune autre activité économique.
Claude Allègre. »

1. Document reproduit par *Le Canard enchaîné* du 17 mars 1999 en fac-similé.

Passons d'autant plus volontiers sur ces péchés véniels que le vrai désastre, d'une tout autre gravité, est ailleurs : dans ces phrases incompréhensibles, dans ces incohérences syntaxiques, dans cette absence de plan, dans ces grossières confusions géographiques et chronologiques, dans ces avalanches de clichés, dans ces lapsus plus ou moins comiques issus généralement de la pauvreté du vocabulaire, qui grèvent les copies des reçus aussi bien que celles des recalés.

Plus préoccupant peut-être encore, ce que les examinateurs constatent aussi lors des oraux : la parole en difficulté, la mémoire en friche, l'absence endémique de références culturelles, le manque apparent de curiosité et de sens critique dont font preuve bon nombre de candidats.

Plutôt que de les accabler de reproches, interrogeons-nous sur ce qui a pu les amener à ce point d'ignorance et d'inappétence pour le savoir.

Depuis deux ans, se félicite-t-on très officiellement, près de 80 % des lycéens obtiennent le baccalauréat. Que ces 80 % de reçus représentent seulement 61 % d'une classe d'âge, ce qui n'est tout de même pas la même chose que 80 % d'une génération – objectif annoncé –, qu'importe ! L'objectif affiché donc est atteint ou en voie de l'être. Mais à quel prix ?

Personne, bien sûr, n'est vraiment dupe. Ni les professeurs, bien placés pour savoir par quelle arithmétique ces chiffres éclatants sont obtenus. Ni les élèves, tout à la fois conscients que sans le bac on n'est rien, mais que le bac n'est pas grand-chose. Ni les parents, soulagés de voir leur fils ou leur fille en possession du précieux diplôme.

Personne donc n'est prêt à rompre le tabou et à mettre en cause la manière dont sont atteints ces résultats et le niveau réel de connaissances qu'ils sanctionnent.

Comment en est-on arrivé là ? Comment expliquer que l'École enseigne si peu ou si mal ? Par quelle aberration a-t-elle pu laisser mettre en échec sa raison d'être : l'acquisition du langage, l'apprentissage des démarches logiques, la transmission et la fixation des connaissances, l'accession à la culture ?

Ni militants politiques, ni spécialistes ès « sciences de l'éducation », simples profs de lettres, sur le terrain, depuis vingt-huit ans pour l'un, treize ans pour l'autre, nous n'avons pas cherché ici à produire un énième discours sur le système éducatif, pas plus à nous situer dans des débats idéologiques très éloignés de ce qui nous préoccupe au quotidien.

Nous avons plus modestement tenté d'abord de montrer l'énormité des handicaps accumulés depuis une vingtaine d'années. Ensuite, de suivre, de l'intérieur, dans les rouages bureaucratiques et technocratiques de l'Éducation nationale, les cheminements de l'Horreur pédagogique responsable, selon nous, d'un tel gâchis.

Au lecteur de juger sur pièces.

En commençant par ce non-lieu de l'enseignement, les productions écrites et orales des élèves.

La vérité des copies

Tous bacheliers…

Ce dossier s'ouvre sur des comptes rendus de correction, illustrés par des extraits de copies des épreuves écrites du baccalauréat 1999. Ils alternent avec des comptes rendus d'épreuves orales. Pour des raisons évidentes de lisibilité et de compréhension, nous n'avons retenu que les matières littéraires : le français, l'histoire-géographie et la philosophie.

Nous n'avons pas jugé souhaitable de demander aux collègues qui ont bien voulu nous communiquer ces documents d'édulcorer leurs commentaires. S'il ne vient jamais sous leur plume le moindre mot méprisant à l'égard des propos tenus ou écrits par les candidats, certaines de leurs réflexions pourront paraître désabusées, ou trop hâtivement justifiées. S'y mêlent souvent des critiques à l'égard des sujets et des consignes de correction que nous n'avons pas non plus voulu « gommer ». Elles témoignent en effet du malaise profond que vivent les enseignants, de leurs interrogations quant aux objectifs et aux méthodes, parfois aux programmes, définis par une institution dont ils discernent en outre de moins en moins ce qu'elle attend du baccalauréat : est-il encore destiné à vérifier un niveau de connaissances, ou est-il devenu un simple certificat de fin de scolarité ?

Nous remercions ceux et celles qui ont ainsi accepté de jouer le jeu de la vérité au risque de s'exposer à la critique.

En second lieu sont produites des copies de première année de faculté et de BTS, de seconde et de première. Le seul critère qui a présidé à leur choix, ainsi qu'à celui des copies de bac, est leur exemplarité.

Qu'on se rassure : nous aurions pu sans peine en trouver qui témoignent d'un meilleur niveau ; il en existe. Nous aurions pu aussi facilement en présenter de plus catastrophiques. Tout le monde sait qu'elles sont légion.

Parmi les centaines que nous ont fait parvenir des collègues de différents établissements de l'ouest de la France, nous n'avons retenu que celles qui pouvaient illustrer les lacunes ordinaires dont souffrent les élèves. Quand nous en montrons une, nous pourrions en montrer dix, vingt, voire trente comparables.

Rappelons qu'il y a trois types de baccalauréat, le baccalauréat général, le baccalauréat technologique, le baccalauréat professionnel. Nous avons écarté ce dernier dont les épreuves sont très spécifiques. Le lecteur retiendra que les sujets du baccalauréat général sont différents de ceux du baccalauréat technologique.

BACCALAURÉAT TECHNOLOGIQUE 1999,
FRANÇAIS, ÉCRIT

(Sujets p. 21-25)

FRTEME1

SESSION 1999

BACCALAURÉAT TECHNOLOGIQUE

FRANÇAIS

TOUTES SÉRIES

Durée de l'épreuve : 4 heures **Coefficient : 2**

Le candidat traitera l'un des trois sujets au choix.
Toutes les réponses devront être rédigées et organisées.

Dès que le sujet vous est remis, assurez-vous qu'il est complet.
Ce sujet comporte 4 pages numérotées 1/4, 2/4, 3/4 et 4/4.

L'usage de la calculatrice et du dictionnaire n'est pas autorisé.

SUJET I **FRTEME1**

Pourquoi le monde des images, et tout particulièrement de la télévision, irrite-t-il à ce point le monde intellectuel que sa critique se soit élevée au rang d'un nouveau genre littéraire ? Pas une saison qui ne se passe sans apporter sa moisson de pamphlets antimédiatiques, ressassant du reste presque toujours les mêmes banalités : asservies aux contraintes de l'audimat, soumises à l'impérieuse logique du spectacle et du divertissement, la culture et l'information médiatiques seraient en voie de perdition. Pour des raisons techniques et idéologiques, la rapidité primerait sur l'exigence de sérieux, le vécu sur le conçu, le présent sur le temps, l'immédiat sur la distance, le visible sur l'invisible, l'image choc sur l'idée, l'émotion sur l'explication, etc. J'ai fait le test, j'allais dire l'épreuve : lire les quinze ou vingt ouvrages récemment consacrés aux méfaits de la société médiatique. La liste est impressionnante. Voici, sans aucun ajout de ma part ni exagération d'aucune sorte, ce que, pêle-mêle, on peut y trouver : la télévision aliène les esprits, elle montre à tous la même chose, véhicule l'idéologie de ceux qui la fabriquent, elle déforme l'imagination des enfants, appauvrit la curiosité des adultes, endort l'intelligence, exerce un insidieux contrôle politique, façonne à notre insu nos cadres de pensée, manipule l'information, impose des modèles culturels dominants (on n'ose plus dire "bourgeois"), elle ne montre de façon systématique qu'une partie du réel en oubliant la réalité urbaine, les classes moyennes, le secteur tertiaire, la vie des campagnes, le monde ouvrier, les langues et les cultures régionales, elle engendre la passivité, détruit les relations interpersonnelles dans les familles, tue le livre et en général toute culture "difficile", elle incite à la violence, à la vulgarité ainsi qu'à la pornographie, empêche les enfants de devenir adultes, concurrence de façon déloyale les spectacles vivants, cirque, théâtre, cabaret ou cinéma, génère l'apathie et l'indifférence des citoyens à force de surinformation inutile, abolit les hiérarchies culturelles, remplace l'information par la communication, la distanciation intellectuelle par la présence des sentiments volatiles et superficiels, accorde le primat à la vitesse sur la lenteur nécessaire à toute méditation profonde, concurrence et dévalorise l'école...

Tout n'est pas faux, bien sûr, dans cette liste apocalyptique. Ni vrai non plus, loin de là. [...] Lorsqu'on reproche à l'information de gommer la profondeur historique des drames qu'elle visualise, de quoi parle-t-on au juste ? Croit-on sérieusement que les reportages sur la Bosnie ou sur la Somalie auraient décervelé une population républicaine, consciente et informée, qui de toute éternité aurait brillé par ses compétences incomparables quant à l'histoire politique de ces deux pays ? À quel âge d'or mythique fait-on, ici, référence ? La réalité, de toute évidence, est que l'immense majorité du public ignorait *jusqu'à l'existence même* de la Bosnie et de la Somalie avant que la télévision ne s'emparât de leur sort. La vraie difficulté est tout autre qu'on ne le suggère lorsqu'on mesure implicitement l'information télévisée à l'aune d'un cours(1) en Sorbonne : elle tient au fait qu'on ne peut, chaque soir, revenir sur l'histoire de l'Europe orientale ou de l'Afrique. Non seulement le public n'est pas le même qu'à l'amphithéâtre Descartes, mais il a la fâcheuse habitude d'être plus changeant encore. Le but essentiel d'une information ne peut être, dès lors, que de sensibiliser, d'abord, puis de donner l'envie ou le courage d'aller y voir de plus près, dans la presse écrite, puis dans les livres. Il est un lien invisible qui va de l'image à l'écrit par de nombreux intermédiaires et c'est en son sein, pour ainsi dire de l'intérieur, qu'il faut juger la télévision, non

1/4

en la comparant à ce qu'elle ne sera jamais ni ne devra jamais devenir. Méfions-nous de la confusion des genres : la télévision doit rester, qu'on le veuille ou non, un spectacle, elle doit, même dans ses missions culturelles, davantage *donner à penser* que mettre en scène la connaissance en tant que telle. L'image ne peut ni ne doit remplacer l'écrit. Pourtant, la crainte ou l'espoir qu'elle y parvienne un jour ne cessent de hanter les discussions sur l'audiovisuel.

Luc FERRY, dans Luc FERRY et André COMTE-SPONVILLE, *La Sagesse des modemes*, 1998

(1) à l'aune d'un cours : avec les exigences et les critères d'un cours dispensé à l'Université.

1ère partie - QUESTIONS (10 points)

1. Dans les lignes 13 à 31 ("Voici, sans aucun ajout de ma part [...] dévalorise l'école."), l'auteur énumère une liste qu'il qualifie d' "impressionnante." Quel rôle joue cette liste dans son argumentation ? (4 points)

2. Quelle thèse l'auteur présente-t-il dans les lignes 35 à 39 ? ("Croit-on sérieusement [...] fait-on, ici, référence ?"). Quelle place tient-elle dans l'argumentation ? Vous justifierez votre réponse en vous référant à des éléments précis du texte. (4 points)

3. Précisez ce que représente le pronom "on" dans les lignes 33 à 44 ("Lorsqu'on reproche [...] ou de l'Afrique"). (2 points)

2ème partie - TRAVAUX D'ÉCRITURE (10 points)

1. Étayez la critique formulée à l'encontre de la télévision (lignes 15 - 16) : "...elle déforme l'imagination des enfants". (4 points)

2. Regarde-t-on les informations à la télévision comme on regarde un spectacle ? (6 points)

SUJET II **FRTEME1**

LA MAISON D'HELENE

Il a suffi du liseron du lierre
Pour que soit la maison d'Hélène sur la terre

Les blés montent plus haut dans la glaise du toit
Un arbre vient brouter les vitres et l'on voit
Des agneaux étendus calmement sur les marches
Comme s'ils attendaient l'ouverture de l'arche[1]
Une lampe éparpille au loin son mimosa

Très tard les grands chemins passent sous la fenêtre
Il y a tant d'amis qu'on ne sait plus où mettre
Le pain frais le soleil et les bouquets de fleurs
Le sang comme un pic-vert frappe longtemps les cœurs
Ramiers[2] faites parler la maison buissonnière
Enneigez ses rameaux froments de la lumière
Que l'amour soit donné aux bêtes qui ont froid
A ceux qui n'ont connu que la douceur des pierres

Sous la porte d'entrée s'engouffre le bon vent
On entend gazouiller les fleurs du paravent
Le cœur de la forêt qui roule sous la table
Et l'horloge qui bat comme une main d'enfant

Je vivrai là parmi les roses du village
Avec les chiens bergers pareils à mon visage
Avec tous les sarments[3] rejetés sur mon front
Et la belle écolière au pied du paysage.

René-Guy CADOU, *Hélène ou le règne végétal*
(écrit entre 1944 et 1951)

(1) arche : dans la Bible, l'arche est le grand bateau où Noé recueillit tous les animaux pour les sauver du Déluge.
(2) Ramiers : pigeons sauvages.
(3) sarments : rameaux de la vigne.

1ère partie - QUESTIONS D'OBSERVATION (8 points)

1. Dans la deuxième strophe (v. 3 à 7), identifiez les deux champs lexicaux dominants. (2 points)

2. Observez les formes verbales dans les vers 12 à 14 : qu'apportent-elles au poème ? (3 points)

3. Quelle transformation opèrent les images dans les vers 17 à 19 ? (3 points)

2ème partie - QUESTIONS D'ANALYSE, D'INTERPRÉTATION OU DE COMMENTAIRE (12 points)

1. Comment comprenez-vous l'expression "maison buissonnière" (v. 12) ? (4 points)

2. Quelle conception du bonheur apparaît dans ce poème ? (8 points)

3/4

FRTEME1

SUJET III

Au début du livre II des *Confessions*, Rousseau présente la jeunesse comme "l'âge de la faiblesse et de l'innocence...".

Dans quelle mesure cette formule vous paraît-elle convenir à l'image que, par l'écriture, Rousseau donne de lui dans les deux premiers livres des *Confessions* ?

4/4

COMPTE RENDU DE CORRECTION PAR B***

Sur les 88 candidats dont j'ai corrigé les copies, 46 avaient traité le premier sujet, 41 le second, un seul le troisième.

Le premier, choisi majoritairement, sans doute parce que ce type de sujet est habituellement le plus distributeur de points, a fait une hécatombe cette année, le texte de Luc Ferry étant trop difficile.

Bien sûr il comportait des indices suffisants pour être compris par un lecteur exercé. Mais il était destiné à des candidats au bac technologique, dont nous savons trop bien qu'ils lisent peu et comment des textes simples suffisent à les déconcerter.

Luc Ferry commence en effet par rapporter les opinions répandues sur la télévision dans « le monde intellectuel ». Mais c'est pour mieux les contester ensuite dans la deuxième partie de son raisonnement. « Tout n'est pas faux, bien sûr, dans cette liste apocalyptique. Ni vrai non plus, loin de là », écrit-il dans son enchaînement central.

Pas faux... ni vrai non plus : la complexité de la transition ne pouvait que dérouter les candidats.

La plupart ont donc cru que l'auteur prenait à son compte les critiques formulées à l'encontre de la télévision, critiques de surcroît énumérées non au conditionnel mais à l'indicatif. À partir de là, les réponses aux trois premières questions étaient inévitablement fautives. La consigne de la commission de barèmes était nette : « Le contresens qui consisterait à interpréter cette liste comme un soutien à la thèse de l'auteur sera lourdement pénalisé. On attribuera 0 à la réponse. » J'ai noté le plus souvent cette partie du devoir de 0 à 2.

Le travail d'écriture sur six points n'a pas permis en général de relever la note. « Regarde-t-on les informations à la télévision comme on regarde un spectacle ? » demandait-on, attendant des élèves qu'ils réfléchissent sur la mise en scène audiovisuelle et la manière dont le téléspectateur reçoit ces images. La question, très mal comprise, a le plus souvent donné lieu à des développements du genre :

1° Les informations, c'est du sérieux, du réel.

2° Au contraire, le spectacle, c'est fait pour se divertir, pour rire, comme au cirque, au théâtre, etc.

Conclusion : les deux ne peuvent donc se regarder de la même façon.

Cela revenait à ne pas discerner la part de spectacle inhérente à la présentation des magazines d'information, au choix et au montage des images, au rôle des commentateurs, à leurs mimiques, etc.

Seuls quelques candidats ont esquissé, sans jamais les développer, des analyses intéressantes sur le rôle du présentateur, la mise en scène de son apparition à l'écran.

Restaient quatre points pour le premier travail d'écriture : « Elle [la télévision] déforme l'imagination des enfants. » Il convenait d'étayer cette thèse. Dans l'ensemble, les candidats ont « étayé », comme on le leur demandait, en déroulant une liste d'exemples : les Mangas, Dragon-Ball 2, Mac Gyver, Superman et même… le Père Noël ! Mais ils ont oublié d'élaborer d'abord une véritable réflexion qui serait venue illustrer ces exemples.

Faut-il s'étonner de cet oubli ? Était-il au fond raisonnable d'exiger d'eux d'argumenter un des clichés critiqués par l'auteur du texte ?

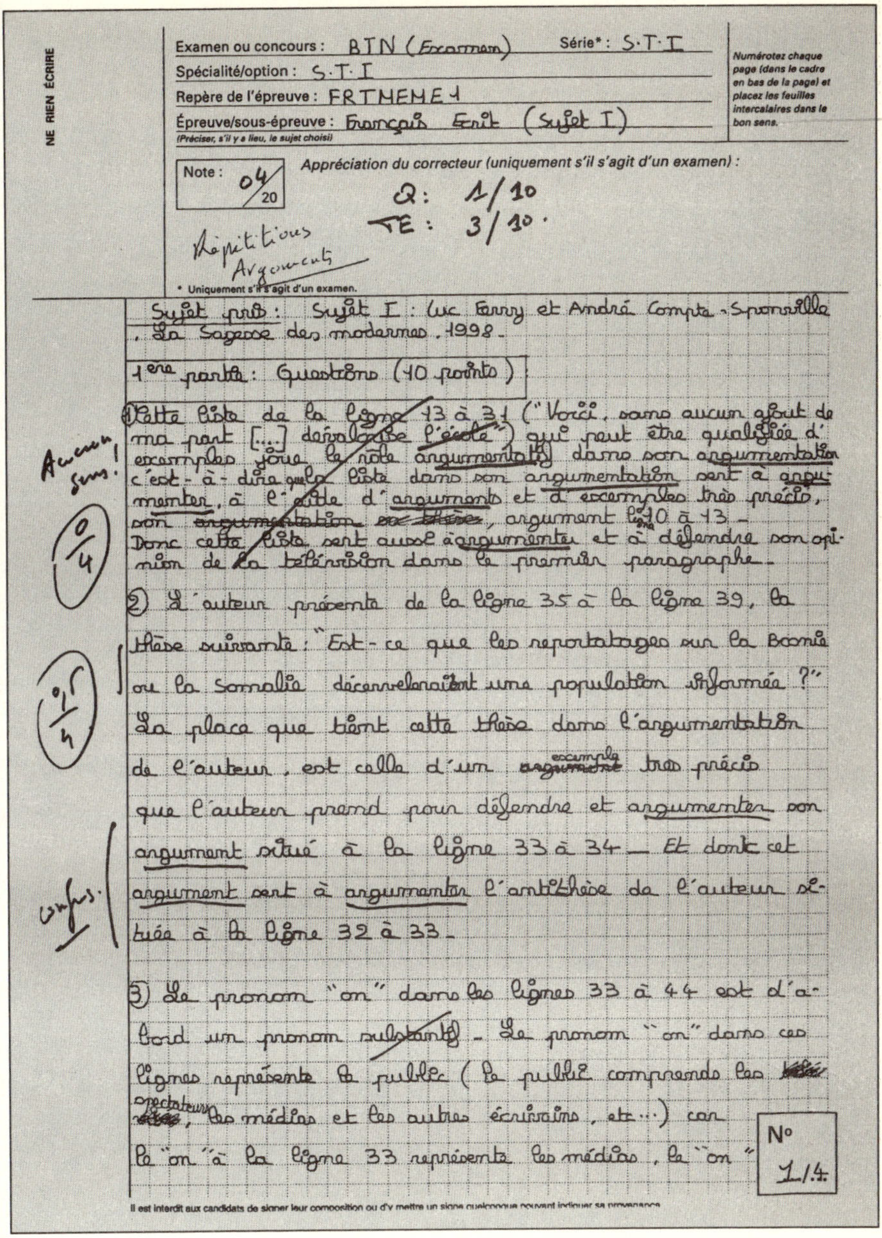

NE RIEN ÉCRIRE

Examen ou concours : BTN (Examen) Série* : S·T·I

Spécialité/option : S·T·I

Repère de l'épreuve : FRTMEME 1

Épreuve/sous-épreuve : Français Ecrit (Sujet I)

(Préciser, s'il y a lieu, le sujet choisi)

Numérotez chaque page (dans le cadre en bas de la page) et placez les feuilles intercalaires dans le bon sens.

Note : 04/20

Appréciation du correcteur (uniquement s'il s'agit d'un examen) :

Q : 1/10

TE : 3/10.

Répétitions

Arguments

* Uniquement s'il s'agit d'un examen.

Sujet pris : Sujet I : Luc Ferry et André Compte-Sponville . La Sagesse des modernes . 1998 .

1ère partie : Questions (10 points)

1) Cette liste de la ligne 13 à 31 ("Voici, sans aucun ajout de ma part [...] dévalorise ~~l'école~~") qui peut être qualifiée d'exemples joue le rôle argumentatif dans son argumentation c'est-à-dire que la liste dans son argumentation sert à argumenter, à l'aide d'arguments et d'exemples très précis, son ~~argumentation~~ ~~ou thèse~~, argument ligne 10 à 13 .
Donc cette liste sert aussi à argumenter et à défendre son opinion de la télévision dans le premier paragraphe .

Aucun sens !

0/4

2) L'auteur présente de la ligne 35 à la ligne 39, la thèse suivante : "Est-ce que les reportatages sur la Bosnie ou la Somalie décervelleraient une population informée ?" La place que tient cette thèse dans l'argumentation de l'auteur, est celle d'un ~~argument~~ exemple très précis que l'auteur prend pour défendre et argumenter son argument situé à la ligne 33 à 34 . Et dont cet argument sert à argumenter l'antithèse de l'auteur située à la ligne 32 à 33 .

0,5/4

confus.

3) Le pronom "on" dans les lignes 33 à 44 est d'abord un pronom ~~substantif~~ . Le pronom "on" dans ces lignes représente le public (le public comprend les ~~[illegible]~~ spectateurs, les médias et les autres écrivains, etc...) car le "on" à la ligne 33 représente les médias , le "on"

N° 1/4.

Il est interdit aux candidats de signer leur composition ou d'y mettre un signe quelconque pouvant indiquer sa provenance.

« Le texte de Luc Ferry était trop difficile pour les élèves du baccalauréat technologique », juge le correcteur. On le voit en effet...

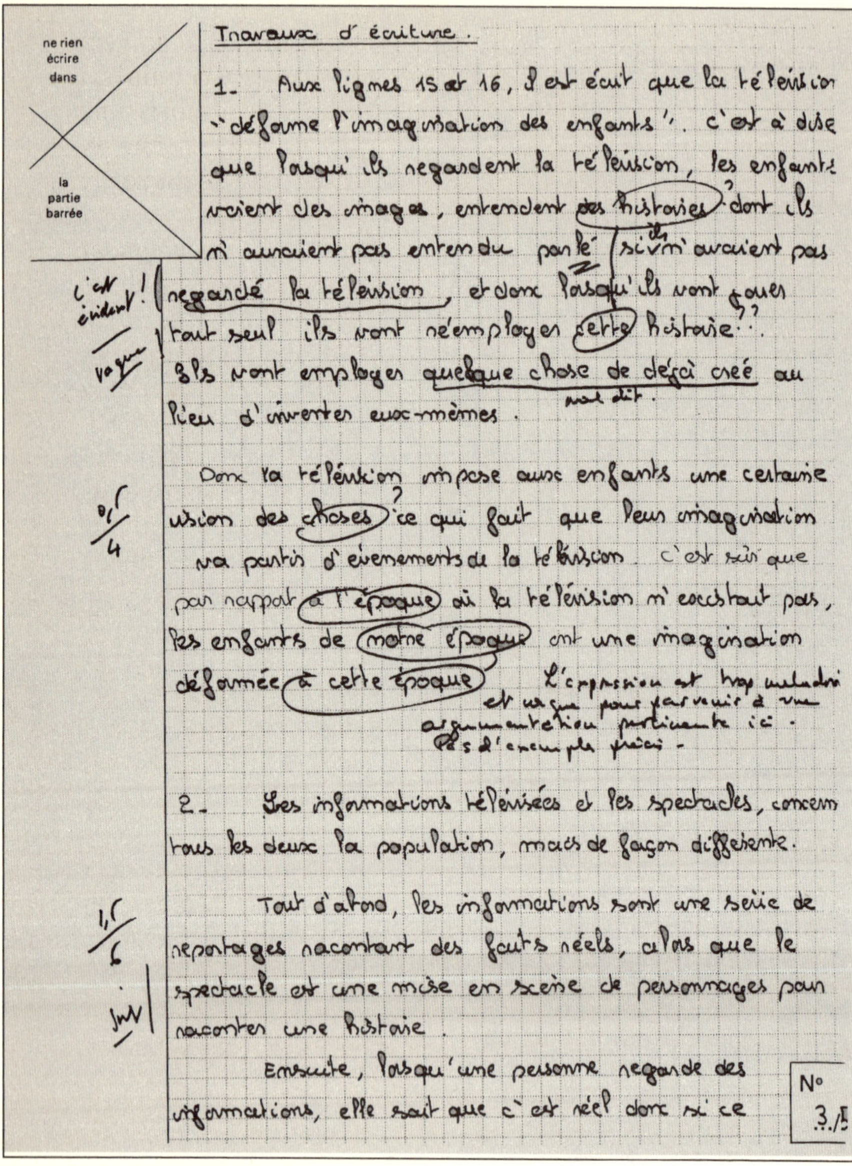

« Des lieux communs sur les enfants et la télévision…
des actes de contrition impersonnels. »
Et que dire de l'expression ?

Passons sur cette conception de l'argumentation qui veut que l'on invite des jeunes gens, par ailleurs peu entraînés à la dialectique, à argumenter toute idée, y compris une notion dont on vient de leur expliquer qu'elle est fausse. Croit-on nos élèves suffisamment armés pour pratiquer la gymnastique intellectuelle des sophistes ?

Plus simplement, n'était-il pas paradoxal de demander aux premières victimes du conditionnement télévisuel de réfléchir à ce conditionnement ? Pour caricaturer le sujet, on leur disait en somme : vous que la télévision a privés d'imagination, veuillez, s'il vous plaît, tâcher de la retrouver, le temps d'une épreuve de baccalauréat !

Qu'attendre, dès lors, sinon la répétition de lieux communs sur l'influence néfaste de la télévision, les mêmes lieux communs que dénonce Luc Ferry ? Ou des actes de contrition aussi laborieux que totalement impersonnels et peu sincères ?

C'est sûr que par rapport à l'époque où la télévision n'existait pas, les enfants de notre époque ont une imagination déformée, écrit l'un d'entre eux dans un élan de bonne volonté.

Moyenne générale : 6,1 sur 20

Passons au deuxième sujet, le commentaire du texte « La maison d'Hélène ». Les huit points des questions dites « d'observation » étaient aisément gagnés. Un bon élève de troisième ou de seconde est capable de repérer deux champs lexicaux [1], d'identifier deux formes verbales (impératif et subjonctif), d'analyser une métaphore, une comparaison ou une personnification. Certaines questions posées au brevet sont parfois plus délicates, soit dit en passant.

Ces questions éclairaient-elles le sens du texte ? En tout cas, aucune n'invitait les candidats à comprendre qu'ils se

1. À l'intention du profane, précisons qu'un champ lexical est, dans un texte, l'ensemble des mots se rapportant à un même thème. Ainsi, par exemple, pluie, mare, gouttelette, humidité, brouillard, suinter, sourdre renvoient-ils au thème de l'eau. *(N.d.A.)*

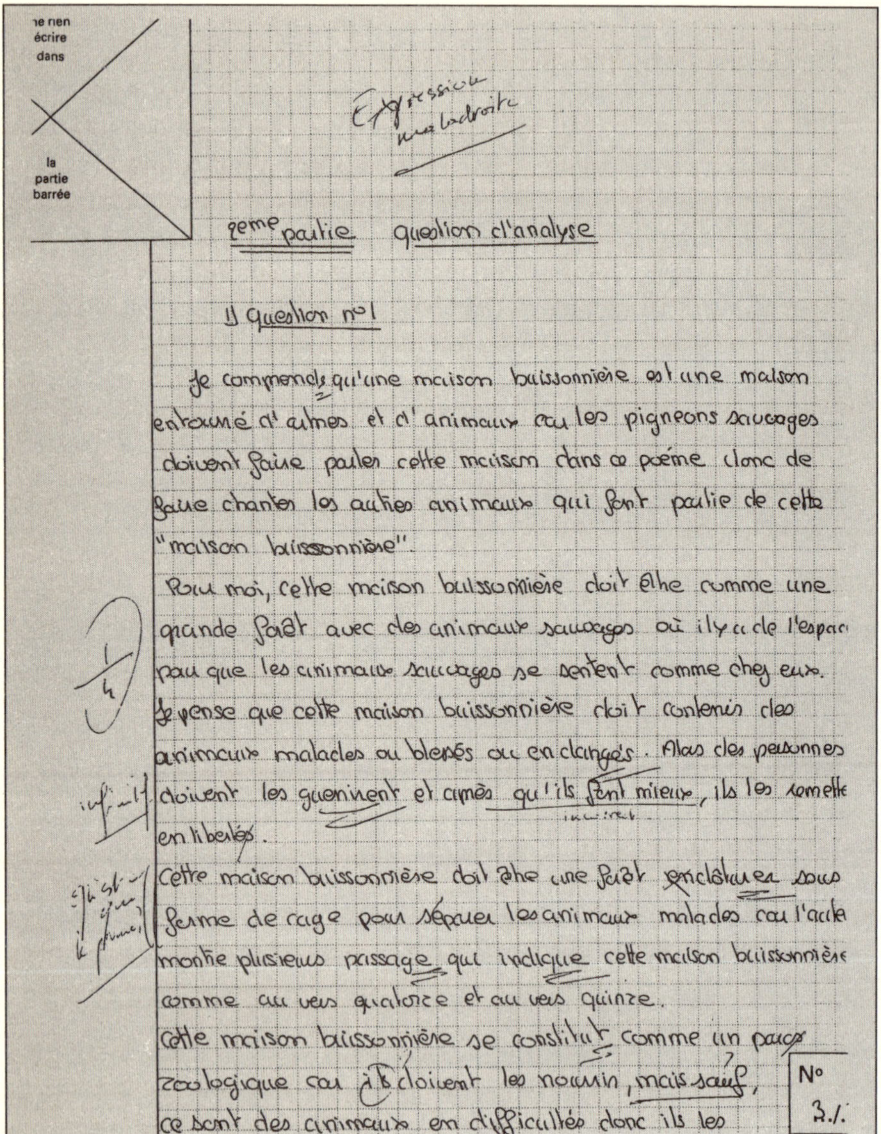

ne rien écrire dans la partie barrée

Expression maladroite

2ème partie question d'analyse

1) Question n°1

Je comprends qu'une maison buissonnière est une maison entouré d'arbres et d'animaux car les pigeons sauvages doivent faire parler cette maison dans ce poème donc de faire chanter les autres animaux qui font partie de cette "maison buissonnière".

Pour moi, cette maison buissonnière doit être comme une grande forêt avec des animaux sauvages où il y a de l'espace pour que les animaux sauvages se sentent comme chez eux.

Je pense que cette maison buissonnière doit contenir des animaux malades ou blessés ou en dangés. Alors des personnes doivent les guérirent et après qu'ils sont mieux, ils les remette en liberté.

Cette maison buissonnière doit être une forêt enclôturer sous forme de cage pour séparer les animaux malades car l'auteur montre plusieurs passage qui indique cette maison buissonnière comme au vers quatorze et au vers quinze.

Cette maison buissonnière se constitut comme un parc zoologique car ils doivent les nourrin, mais sauf, ce sont des animaux en difficultés donc ils les

1/4

infinitif

indicatif

N° 3./.

« Des propos vagues sur la nature, les animaux », commente le correcteur. Il aurait pu s'étonner aussi de ce qu'aucun candidat n'ait pensé à « l'école buissonnière » !

trouvaient devant un poème d'amour. Aucune copie ne le relève effectivement.

On aurait pu demander un commentaire sur « Pour que soit la maison d'Hélène sur la terre », ou « Que l'amour soit donné aux bêtes qui ont froid / À ceux qui n'ont connu que la douceur des pierres ». Mais combien parmi les candidats connaissent « Notre Père qui es aux Cieux, que ton nom soit sanctifié, que ton règne vienne, que ta volonté soit faite sur la Terre comme au Ciel » ou « Agneau de Dieu, toi qui enlèves le péché du Monde, prends pitié de nous » ?

Une piste de lecture était pourtant ouverte par la note 1. « Arche : dans la Bible, l'arche est le grand bateau où Noé recueillit tous les animaux pour les sauver du Déluge. »

On aurait pu à partir de là guider la lecture vers la compréhension de ce beau poème où les images bibliques – la Création, l'arche – se conjuguent à un panthéisme qui s'impose dans les images finales de Pan : « Avec tous les sarments rejetés sur mon front » et de la nymphe : « Et la belle écolière au pied du paysage. » On ne l'a pas fait, sans doute pour les mêmes raisons que j'évoquais précédemment : l'absence probable chez les candidats de culture religieuse et de connaissances sur la mythologie.

Mais pourquoi donc alors leur proposer ce texte dont les références leur sont inaccessibles ?

Et à quoi peut bien rimer dans ces conditions la question finale notée sur huit points : « Quelle conception du bonheur apparaît dans ce poème ? »

Elle a donné lieu, comme on pouvait s'y attendre, à des propos vagues sur la nature, les animaux, l'environnement. Évidemment la mention « écrit entre 1944 et 1951 » ne pouvait en outre qu'inciter à des extrapolations sur la guerre et la paix revenue. Considérations totalement hors sujet.

Si les notes sont meilleures que pour le premier sujet (8,8 sur 20 de moyenne), l'explication doit donc en être recherchée dans le découpage en petites questions faciles, plutôt que dans les capacités réelles des candidats.

Que reste-t-il dans ces conditions de l'équité de l'épreuve et de sa valeur discriminante ?

Qui sont les bons et les mauvais ? Qui peut le dire ? Pas moi en tout cas.

Remarque de même nature pour le troisième sujet, la dissertation, que l'on n'ose plus appeler par son nom, sur les *Confessions*, unique œuvre obligatoire du programme de l'année. Un seul candidat a « osé ». Il se voit crédité d'un 11 sur 20, en l'absence de toute comparaison avec d'autres, simplement parce qu'il a lu le livre et essayé d'illustrer le sujet à travers plusieurs épisodes bien choisis. Pourtant, il s'est montré incapable d'organiser un vrai développement autour d'une problématique clairement dégagée.

L'aspect le plus préoccupant, de manière générale, pour tous les sujets et dans toutes les copies : la langue. Elle constitue, avec le manque de culture, un obstacle qui devrait être de plus en plus insurmontable pour la quasi-totalité des candidats.

Dans le dessein d'en tirer quelques exercices pour la rentrée, j'ai fait un inventaire, non exhaustif, des bourdes et des perles qui émaillaient les copies. Sourions un peu : cela pourrait s'appeler « Le cri de l'agneau ».

Il n'y a que l'impératif qui apporte quelque chose de plus au poème[1].

Le rôle que joue cette liste dans son argumentation c'est : elle permet d'abord...

Enfin, dans un spectacle, s'il nous a vraiment plus, on peu se croire parmi la mise en scène.

Cette comparaison justifie que la maison est rythmée par la nature.

Dès l'enfance, on est « ensaigné » par la TV.

Les images chocs émotivent l'enfant.

Dans ce poème, « La maison d'Hélène », le poète, R. G. Cadou, fait apparaître dans celui-ci...

1. Toutes les incorrections et les fautes d'orthographe des candidats ont été fidèlement retranscrites dans les passages en italique. *(N.d.A.)*

Un spectacle que l'on choisit sur quelle chaîne le regarder.

L'adjectif démonstratif « ma ».

Pour conclution, la liste qu'il qualifie « d'impressionante » engendre sur son argumentation le résultat de quelque chose de réel par son côté convainquant.

Les images sont quelques choses d'irréelles, d'imaginaire mais permet à l'enfant d'avoir ses idées.

L'imagination ne permet pas d'être atteinte comme on peut l'imaginer avec un spectacle.

Puis, lors d'informations télévisées, la personne est amenée à voir plusieurs choses, c'est-à-dire différents sujets dont on n'a pas forcément la même vision pour tel ou tel sujet.

Il fait attention à l'attention qu'on leur porte.

Comme ci que la maison faisais partie de la nature.

Les informations est une réalité plus ou moins approfondit mais qui donne une situation générale.

Il faut mieux laisser l'enfant aller à libre-cours son imagination.

Puis le champ lexical des animaux avec un nom d'animal « agneau » ainsi que son cri à la forme infinitive « brouter ».

Ceci amène les enfants à ne plus penser qu'à çà.

D'autre part, les films d'actions qui sont nombreux à être diffusés chaque semaine, sont de plus en plus, le nombre ne cessent de croître...

Cette vision peut avoir des effets sur ce qu'ils croyaient être et ce qui ne correspond pas à ce qu'ils ont pu constater...

On peut se référencier à la maison buissonnière...

L'enfant se trouve une idole dont il rêvera la nuit, par contre, le jour, il s'y transformera...

La présence humaine n'est pas présente.

Des agneaux « calmement étendus sur les marches » peuvent leur procréer le bonheur.

Quelqu'un qui n'a personne à qui donné son amour, le donné à un un animal, peut en être un (bonheur).

Alors que les informations à la TV ne sont pas forcément

plaisantes car lorsque l'on parle des guerres des conséquences sur la population Je ne suis pas pas plaisante.

Cette liste vise à désintéresser la télévision à la population.

Les spectacles, en général, traitent des problèmes vécus dans les cités, des problèmes dont nous n'entendons jamais parler.

Et je pense que c'est à cause que les émissions soient enregistrées que c'est moins intéressant.

Cela peut même entrainer de la délinquance en allant loin.

Mais ceci serait plutôt une main qui tremble, la présence d'une peur de l'horloge.

Un buisson, c'est une haie. Et dans une haie, se trouve des habitants, ces habitants sont des animaux vivant dans une haie.

... s'identifier à ces personnages de la TV les envie.

On peut regarder les informations à la télé comme on regarde un spectacle par la manière d'être installé.

C'est sûr que par rapport à l'époque où la TV n'existait pas, les enfants de notre époque ont une imagination déformée à cette époque.

Aujourd'hui les gens se lassent et ont besoin de voir autre chose, donc le moindre changement est vu autrement.

Les spectacles finiront-ils par devenir communs à tout autre chose ?

La nature des mots employés est naturelle et non personnelle.

Dès la première strophe, le lecteur est présent de l'évoquation d'une maison appartenant à Hélène.

Le fait que à la place que ce soit les oiseaux qui gazouillent, ce sont des fleurs.

Alors des personnes doivent les guérirent et après qu'ils font mieux, ils les remettent en liberté.

Cette maison buissonnière se constitut comme un parc zoologique car ils doivent les nourrir, mais sauf, ce sont des animaux en difficulté donc il les soignent.

Prenons le cas de l'affaire où Cilton avait eu une relation sexuel avec sa secrétaire. La TV a fait tout un roman, alors le public regardait les informations comme une série ou encore un spectacle.

Ces deux temps verbaux amènent donc une relation d'implorance.

On préférerait contourner le dessin d'un escalier pour éviter un arbre plutôt que de le couper.

Ce passage qui se termine à la ligne 31, permet à l'auteur de pouvoir enchaîner son argumentation par un autre argument.

Il est vrai que dans certains films tels que « retour vers le futur » ou bien d'autres films qui se passent dans le futur, les réalisateurs de ces films donne une idée très concrète sur le futur.

Car avec ses idées de vouloir faire montrer tout ce qui concerne n'importe quoi...

En regardant la TV, on peut repasser le linge. Au contraire du spectacle, je ne pense pas que les personnes présentes seraient d'accord pour que l'on puisse emmener la table à repasser, et donc repasser le linge.

L'horloge au battement idem à celui des mains...

Buissonnière, c'est aller quelque part sans y aller.

Pour moi, la « maison buissonnière » est un endroit où tout le monde est accepté que ce soit les traiteurs ou les maltraiteurs.

Il nous décrit avec fitness et douceur la maison qu'il rêve.

Ce sera à nous de tirer la morale de l'histoire sans que le film nous la ponde sous le nez.

BACCALAURÉAT GÉNÉRAL 1999,
FRANÇAIS, ÉCRIT

(Sujets p. 36-39)

BACCALAURÉAT GÉNÉRAL - SESSION 1999

FRANÇAIS - Toutes séries

Durée de l'épreuve : 4 heures.

Le sujet comporte 4 pages.

L'usage des calculatrices est interdit.

Le candidat doit traiter l'un des trois sujets suivants, au choix.

Sujet 1 - Étude d'un texte argumentatif.

Dans À propos d'Horace, *Hugo crie sa haine des maîtres ignorants, "mauvais et méchants", pédants et bornés, dont il eut à souffrir en pension dans sa jeunesse. Il a formulé divers griefs, et enchaîne : outre les punitions, dit-il, et autres brimades,*

J'étais alors en proie à la mathématique.
Temps sombre ! enfant ému du frisson poétique,
Pauvre oiseau qui heurtais du crâne mes barreaux,
On me livrait tout vif aux chiffres, noirs bourreaux ;
On me faisait de force ingurgiter l'algèbre ;
On me liait au fond d'un Boisbertrand[1] funèbre ;
On me tordait, depuis les ailes jusqu'au bec,
Sur l'affreux chevalet des X et des Y ;
Hélas, on me fourrait sous les os maxillaires
Le théorème orné de tous ses corollaires ;
Et je me débattais, lugubre patient[2]
Du diviseur prêtant main-forte au quotient.
De là mes cris.

Un jour, quand l'homme sera sage,
Lorsqu'on n'instruira plus les oiseaux par la cage,
Quand les sociétés difformes sentiront
Dans l'enfant mieux compris se redresser leur front,
Que, des libres essors ayant sondé les règles,
On connaîtra la loi de croissance des aigles,
Et que le plein midi rayonnera pour tous,
Savoir étant sublime, apprendre sera doux.
Alors, tout en laissant au sommet des études
Les grands livres latins et grecs, ces solitudes
Où l'éclair gronde, où luit la mer, où l'astre rit,
Et qu'emplissent les vents immenses de l'esprit,
C'est en les pénétrant d'explication tendre,
En les faisant aimer, qu'on les fera comprendre.
Homère emportera dans son vaste reflux
L'écolier ébloui ; l'enfant ne sera plus
Une bête de somme attelée à Virgile ;
Et l'on ne verra plus ce vif esprit agile
Devenir, sous le fouet d'un cuistre ou d'un abbé,
Le lourd cheval poussif du pensum[3] embourbé.
Chaque village aura, dans un temple rustique,
Dans la lumière, au lieu du magister antique,
Trop noir pour que jamais le jour y pénétrât,
L'instituteur lucide et grave, magistrat
Du progrès, médecin de l'ignorance, et prêtre
De l'idée ; et dans l'ombre on verra disparaître
L'éternel écolier et l'éternel pédant.

FR2AM

- 1/4 -

L'aube vient en chantant, et non pas en grondant.
Nos fils riront de nous dans cett blanche sphère ;
Ils se demanderont ce que nous pouvions faire
Enseigner au moineau par le hibou hagard.
Alors, le jeune esprit et le jeune regard
Se lèveront avec une clarté sereine
Vers la science auguste, aimable et souveraine.

Paris, mai 1831.

Victor HUGO, *Les Contemplations* (1856),
Livre premier (*Aurore*), « À propos d'Horace ».

(1) Bois-Bertrand (ici orthographié Boisbertrand) : auteur d'un manuel d'algèbre.
(2) au sens fort de : victime des bourreaux.
(3) pensum: travail ennuyeux et pénible.

I - **<u>QUESTIONS</u>** (10 points) :

1 - Quels aspects de l'éducation V. Hugo condamne-t-il des vers 161 à 180 ? Comment le poète donne-t-il force à sa démonstration ? *(3 points)*

2 - Dégagez la thèse défendue par V. Hugo du vers 173 à la fin. *(2 points)*

3 - Étudiez la valeur des temps du vers 200 au vers 203. *(2 points)*

4 - Quel rôle joue la métaphore filée de la lumière dans l'argumentation à partir du vers 193 jusqu'à la fin du poème ? *(3 points)*

II - **<u>TRAVAIL D'ÉCRITURE</u>** (10 points) :

Faites, à votre choix, l'éloge ou le procès d'un enseignement sans contraintes.

Sujet 2 - Commentaire littéraire.

Il ferma les yeux et appuya sa joue contre le tronc, seul point ferme dont il disposât. Dans cette vivante mâture, le travail du bois, surchargé de membres et cardant[1] le vent, s'entendait comme une vibration sourde que traversait parfois un long gémissement. Il écouta longuement cette apaisante rumeur. L'angoisse desserrait son étreinte. Il rêvait. L'arbre était un grand navire ancré dans l'humus et il luttait, toutes voiles dehors, pour prendre enfin son essor. Une chaude caresse enveloppa son visage. Ses paupières devinrent incandescentes. Il comprit que le soleil s'était levé, mais il retarda encore un peu le moment d'ouvrir les yeux. Il était attentif à la montée en lui d'une allégresse nouvelle. Une vague chaleureuse le recouvrait. Après la misère de l'aube, la lumière fauve fécondait souverainement toutes choses. Il ouvrit les yeux à demi. Entre ses cils, des poignées de paillettes luminescentes étincelèrent. Un souffle tiède fit frémir les frondaisons. *La feuille poumon de l'arbre, l'arbre poumon lui-même, et donc le vent sa respiration*, pensa Robinson. Il rêva de ses propres poumons, déployés au-dehors, buisson de chair purpurine[2], polypier[3] de corail vivant, avec des membranes roses, des éponges muqueuses... Il agiterait dans l'air cette exubérance délicate, ce bouquet de fleurs charnelles, et une joie pourpre le pénétrerait par le canal du tronc gonflé de sang vermeil...

Michel TOURNIER, *Vendredi ou les Limbes du Pacifique*,
Gallimard, 1967.

[1] carder : peigner, démêler la laine.
[2] purpurine : de couleur pourpre.
[3] polypier : armature solide du corail.

I - <u>QUESTIONS</u> (4 points) :

1 - Analysez le jeu des sonorités dans la deuxième phrase (lignes 2 à 5). *(2 points)*

2 - Nommez et analysez la figure de style concernant l'arbre aux lignes 6 à 8 : "L'arbre était (...)son essor.". *(1 point)*

3 - Justifiez l'emploi du conditionnel dans la dernière phrase. *(1 point)*

II - <u>COMMENTAIRE COMPOSÉ</u> (16 points) :

Vous présenterez un commentaire composé de ce texte. *(16 points)*

FR2AM

- 3 / 4 -

Sujet 3 - Dissertation sur un sujet littéraire.

Si vous choisissez ce sujet, vous composerez

- sur le sujet A, si vous êtes en série L
- sur le sujet B, si vous êtes en série ES ou S

Attention : votre copie pourrait ne pas être examinée par le correcteur si le sujet choisi ne correspond pas à votre série.

A - Série littéraire

"Sans dépayser le spectateur ni par le langage, ni par les situations, ni par les héros, le mythe antique, dans une pièce moderne, ouvre au public les portes du rêve et de la réflexion."

Ces propos s'appliquent-ils à l'œuvre théâtrale du XXème siècle que vous avez étudiée ?

B - Séries ES et S

Selon un critique, "le mythe antique stimule la réflexion de chacun. Son but n'est pas de fournir des réponses toutes faites, mais d'inciter à rechercher ces réponses."

En quoi l'œuvre théâtrale du XXème siècle que vous avez étudiée cette année vous semble-t-elle avoir tiré parti du mythe ainsi défini ?

FR2AM

- 4 / 4 -

COMPTE RENDU DE CORRECTION DE F***

Sur un paquet de 90 copies, parmi lesquelles 56 de section littéraire (L) et 34 de section économique et sociale (ES), 56 traitent le premier sujet, l'étude d'un texte argumentatif. Moyenne générale : 10,5 sur 20.

Le texte de Victor Hugo n'est pas à la portée de beaucoup d'élèves. Cependant, répondre correctement aux questions relève du jeu d'enfant.

À retenir tout de même que des élèves de première littéraire ont pu obtenir ici aussi bien 19 sur 20 que 4 sur 20, mes deux notes extrêmes.

Certaines questions sont très mal posées et les consignes de correction compliquent parfois la notation des copies. « Quel rôle joue la métaphore filée dans l'argumentation ? » demandait-on. Les élèves n'étaient donc pas tenus d'expliquer la métaphore. Pourtant les consignes demandaient de n'attribuer les points que si l'explication était fournie.

Sept élèves seulement sur cinquante-six font référence à d'autres auteurs à propos de l'éducation. Parmi les sept, deux citent Montaigne et Rabelais, cinq seulement pensent à Rousseau, pourtant au programme et largement étudié. C'est dire combien ils ont du mal, quelle que soit leur section, à faire usage de références littéraires. À quoi s'ajoute souvent un maniement très hésitant de la langue.

Ceux qui ont de bonnes notes ont retenu des notions d'analyse stylistique ou rhétorique et les plaquent judicieusement sur le texte. Un tel travail purement mécanique ne rend pas compte de la compréhension globale du poème. Mais qui leur demandait de comprendre un poème ? Il s'agissait de comprendre une « argumentation [1] » !

1. Que le profane ne s'étonne pas qu'un poème puisse être qualifié de « texte argumentatif ». Ayant découvert les théories savantes sur l'argumentation, développées dans les années cinquante par le Belge Chaïm Perelman, les « nouveaux pédagogues » du français en ont fait leur pain blanc. Poème ou pas, le texte de Hugo peut selon eux être lu comme un discours électoral en faveur d'une réforme de l'enseignement. *(N.d.A.)*

NE RIEN ÉCRIRE

Examen ou concours : Bac de Français Série* : ES
Spécialité/option : SES
Repère de l'épreuve : FR2AM
Épreuve/sous-épreuve :
(Préciser, s'il y a lieu, le sujet choisi)

Numérotez chaque page (dans le cadre en bas de la page) et placez les feuilles intercalaires dans le bon sens.

Note : /20

Appréciation du correcteur (uniquement s'il s'agit d'un examen) :

* Uniquement s'il s'agit d'un examen.

Or, une éducation sans contraintes voudrait dire une éducation sans hiérachie et de nos jours c'est totalement impensable car le respect est l'une des règles les plus importantes et l'une des règles de vie en voie de disparition.

Outre le problème de hiérarchie, de respect... ect, il y a aussi un grand danger qui est l'ignorance. En effet si l'éducation ~~serait~~ (incorrect) sans contraintes, alors il n'y aurait pas d'obligations d'apprendre telles ou telles choses, ce qui provoquerait une ignorance certaine (encore) plus importante dans des domaines différents pour beaucoup de personnes. Même si aujourd'hui l'enseignement est fait de façon plus général qu'avant il y a quand même une certaine ignorance dans certains domaines alors ce n'est même pas imaginable. Par excemplle une personne qui a fait le maximum d'année d'études il ne connait (incorrect) pas forcément tout en math, en français ou en histoire donc quelqu'un qui n'est pas obligé

(vague + mal dit)

N° 5.1.7.

Il est interdit aux candidats de signer leur composition ou d'y mettre un signe quelconque pouvant indiquer sa provenance.

On demandait aux candidats :
« Faites l'éloge ou le procès d'un enseignement sans contraintes. »
Cette copie en fait le procès. Note : 10 sur 20.

de suivre certaines matières très importantes
sera dans une ignorance très gênante.
Ainsi que l'organisation dans les écoles
serait très difficile, il faudrait
en permanence un professeur disponible
à la volonté de l'élève c'est à dire quand
il veut, où il veut et ce qu'il veut, c'est totalement
impossible.

mal relié

ne rien écrire dans la partie barrée

Par ce manque de hiérarchie, ce manque d'obligations
d'apprendre ce qu'il faut savoir, la vie
professionnelle s'annonce plutôt mal. En effet
si ce système d'éducation sans contraintes était
mis en place, alors il n'y aurait pratiquement
que des enseignements dans les domaines
qu'ils (On) ont bien voulu apprendre et encore faut-il
les avoir appris parce que qui dit éducation
sans contraintes dit liberté de suivre un
enseignement ou de ne pas en (le) suivre, il y aurait
donc beaucoup plus de métiers manuels et en meme
temps plus d'enseignement général comme le collège.
Ce système entrainerait donc une augmentation
de l'illétrisme et de beaucoup d'autres
problèmes sociaux.

maladroit

Pour conclure nous pouvons donc dire que
ce système d'un enseignement sans contraintes
n'est pas envisageable ni même pensable

N°
6.1.7.

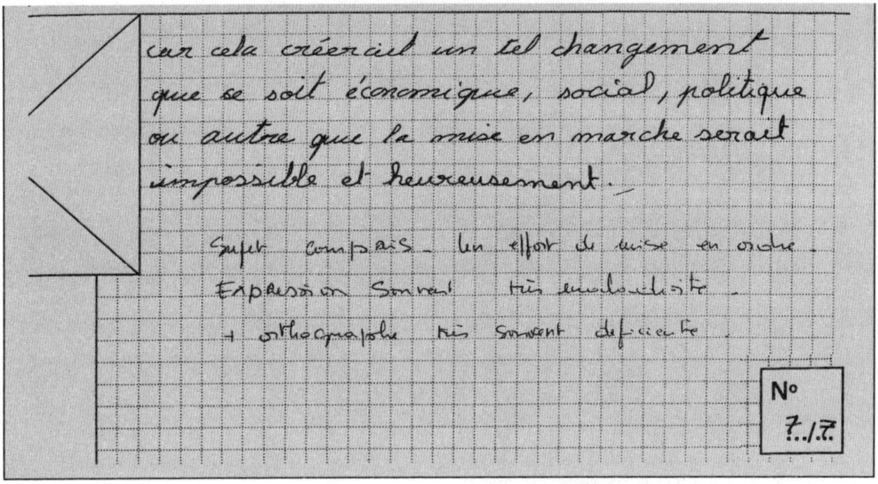
car cela créerait un tel changement que se soit économique, social, politique ou autre que la mise en marche serait impossible et heureusement.

Sujet compris. Un effort de mise en ordre. Expression souvent très maladroite. + orthographe très souvent déficiente.

N° 7../7.

Quant au travail d'écriture, censé développer une réflexion personnelle, il est surtout noté en fonction du respect de principes formels comme la présence de paragraphes ou d'enchaînements logiques.

Au-dessous de 7 sur 20, les copies présentent des développements plus ou moins hors sujet, ou particulièrement confus. Les réponses aux questions de texte ne font plus qu'additionner des bribes de citations, à peine ou pas du tout commentées. Dans tous les cas, la rédaction laisse beaucoup à désirer, ce qui est assez inquiétant pour les quatre plus mauvaises copies du paquet provenant d'élèves en section littéraire où j'ai relevé les énoncés suivants, entre autres tournures fautives ou maladroites.

On le remarque grâce aux significations fortes occasionnées par les verbes.

En faisant l'éloge d'une éducation sans contraintes, l'auteur se donne raison sur sa démonstration.

De nos jour, l'éducation à environs une vingtaine de retard par rapport au monde et s'approprie de plus en plus de liberté.

Mais encore une fois il y a deux côtés en tout donc il ne faut pas trop donner de contraintes.

Mieux vaut en avoir et se plaindre que ne pas en avoir et en demander.

La lenteur et la patience quand on en a pas il vaut mieux pas se lancer dans l'éducation.

Les échecs donnent de meilleurs résultats.

L'éducation, elle, nous permet d'y résolver.

Nous apprécions aussi les vêtements à motifs ou fantésistes, ce qui prouve que nous avons un goût pour l'Art Plastique caché au fond de soi.

Enfin, il est remarquable que les « mauvaises » copies privilégient non pas l'éloge, mais le procès d'un enseignement sans contraintes, tandis que les « bons » élèves font le choix inverse. On y relève quelques appels au secours : *L'enseignement sans contrainte doit être pénalisé car comme le dit l'expression : pas de contraintes, pas de motivation.* Ou : *La violence est un moyen de communication de plus en plus employée par les adolescents. S'ils se battent c'est parce qu'ils ne trouvent pas de satisfaction dans les études. Donc il faut les aider.*

Paroles vraies et justes, mais que de maladresses !

Pour le deuxième sujet, le commentaire littéraire sur le texte de Michel Tournier, les questions notées sur quatre points donnent bien peu de pistes. On demande d'analyser un jeu de sonorités dans la deuxième phrase de l'extrait, plus loin une métaphore, enfin la valeur d'un conditionnel.

Curieusement, le sempiternel repérage des champs lexicaux n'est pas au rendez-vous. Pour une fois que cette clef pouvait être utile à la compréhension du texte !

Devinette : à quel champ lexical se rapportent les mots et expressions suivants : « gémissement », « chaude caresse », « la montée en lui d'une allégresse nouvelle », « fécondait » ?

La fin du texte s'en serait trouvée éclairée : « Il rêva de ses propres poumons, déployés au-dehors, buisson de chair purpurine, polypier de corail vivant, avec des membranes roses, des éponges muqueuses… Il agiterait dans l'air cette exubérance délicate, ce bouquet de fleurs charnelles, et une joie pourpre le pénétrerait par le canal du tronc gonflé de sang vermeil... »

On se trouve, tout bonnement, devant la transcription d'un fantasme érotique.

Dans le corrigé officiel, l'explication, plus pudique, ne parle que d'un « contact fusionnel » avec la nature sur le « plan sensoriel ».

Une seule copie se conclut sur une intuition assez fine : *Robinson Crusoé, solitaire, plonge dans un rêve où il ne fait plus qu'un avec la nature, qui est sa seule compagne sur cette île.*

Les responsables de la commission de barèmes préfèrent une analyse plus savante et parlent de « souffle vital », du « brouillage du réel et de l'imaginaire », de « l'accession au Grand Tout ». Et d'ajouter : « On n'hésitera pas à donner une excellente note à une copie qui irait jusqu'à percevoir la dissolution de l'activité intellectuelle dans une fusion organique, l'expérience initiatique qui permet l'accès à un autre rapport au monde, un autre mode de pensée. Robinson quitte les catégories de la pensée occidentale pour accéder à la "pensée sauvage". »

Ainsi, on privilégie les candidats qui auraient étudié le roman en classe et lu l'appareil critique accompagnant habituellement le texte dans les publications à usage scolaire. Tout en faisant appel à l'indulgence des correcteurs : « Il nous semble que ce sujet est difficile, notamment par comparaison avec le sujet 1. On en tiendra compte dans l'évaluation. »

N'aurait-il pas été plus sage d'en tenir compte au moment où les sujets ont été élaborés ? Et n'était-il pas assez pervers de donner à lire à des élèves, un jour d'examen, un morceau choisi érotique, sans leur en donner les clefs, ni pour le comprendre, ni pour s'en échapper ?

Effectivement, les élèves sont restés assez désemparés devant ce passage.

Comme la plupart du temps dans les « commentaires composés », j'ai rencontré surtout de la paraphrase, appuyée sur des relevés fastidieux et des repérages, pas toujours très pertinents, de procédés stylistiques. Réapparaît le champ lexical, dont on voit bien que, entre des mains inexpertes, c'est une clef qui n'ouvre aucune serrure. Et toujours autant de fautes, de maladresses ! En voici un aperçu…

L'auteur dans son livre s'est donné une liberté d'écriture qui apparaît dans l'extrait. Pour cela il a utilisé des sonorités... Ces sons sont en quelques sortes des rimes comme un poème sauf en ce qui concerne le son « en » pour « vivante » qui ne se situe pas sur la dernière syllabes mais la deuxième. Mis à part les sonorités, il utilise aussi le chiasme « la feuille poumon de l'arbre, l'arbre poumon ». Cette utilisation de chiasme est peu fréquente dans les textes. Avec les sonorités de cet extrait, l'auteur laisse penser que ce passage est un texte en prose mais cela dit cet exemple ne suffit pas à le prouver.

Typologie des textes, rimes, sonorités, chiasme… Le candidat a superposé des notions mal assimilées, ce qui le conduit à un charmant pataquès : il reconnaît lui-même, à la fin de son paragraphe, n'être guère plus avancé.

Ailleurs un bon exemple de paraphrase : *Dès que Robinson ferme les yeux, il entend la nature qui lui fait rêver. La phrase : « il était attentif à la montée en lui d'une allégresse nouvelle » veut dire que la nature lui donne quelque chose agréable et il y trouve de l'harmonie.*

Enfin, pour la bonne bouche, un exemple pris dans une autre copie de l'efficacité opératoire des « champs lexicaux » : *Il y a un champ lexical marin avec ligne sept « un navire ancré », ligne sept « toutes voiles » et enfin ligne huit « pour prendre son essor ». Nous pouvons déduire une forte envie de liberté et envie de partir toujours pour l'arbre.*

AUTRES EXTRAITS

On peut remarquer que ce texte est une description narrative. En effet les temps mettent l'accent sur ce point...

Robinson pense ligne 17 « pensa Robinson ». Il fait une métaphore filée.

L'union de la nature et du narrateur est extrême. C'est ce qui permet au narrateur d'avoir des moments d'égarement...

Ces deux métaphores filées permettent de donner une longueur aux rêves ainsi les rêves durent plus longtemps.

C'est après sa métaphore de l'arbre pour les poumons qu'il se met à rêver de ses poumons.

Cette nature lui procurerait une allégresse des plus grandissante.

Mais la présence de la nature est toujours présente sous différentes formes et visible à l'aide de nombreux champs lexicaux.

Ces relevés informent le lecteur sur l'esprit marin de Robinson qui peut-être lui causa sa position actuelle = celle d'être échoué.

On retrouve également deux termes qui évoquent l'état tendu du personnage.

Tout au long de cet extrait, la référence à la nature est très présente. Tout d'abord on remarque le champ lexical de la nature... Mais cette nature nous apparaît comme représentante de la vie, avec tout d'abord un champ lexical du corps.

Pour conclure, Michel Tournier met en place son personnage au milieu d'une nature bienfaisante. Ce procédé se trouve également au XVIIIe *et* IXe *siècle dans la période romantique. On peut citer Lamartine ou encore Balzac, maîtres de l'adéquation homme, nature.*

Ici de nombreuses images sillonnent le texte.

Il y a aussi la présense de verbes conjugués au présent (« comprit », « ouvrit ») qui servent à décrire les actions.

L'évocation à la mer montre que l'endroit où se trouve Robinson à une ouverture à la mer donc il y a possibilité de partir par voix fluvial.

Ce document est un extrait de Vendredi ou les limbes du pacifiques. Nous avons ici un court passage qui nous montre que la vie de Robinson a été assez perturbée.

L'arbre deviendra navire, cette métaphore est logique car l'arbre c'est du bois, alors Robinson fait vite le rapprochement avec le bateau.

Malgrés le décor incroyable il est difficile de comprendre la raison pour laquelle Robinson a envie de partir.

Pour conclure cet extrait du roman : on constate que la nature est très importante et qu'elle est positivivement décrite comme quelque chose de chaleur.

J'arrive tout de même à une moyenne de 9,4 sur 20. Pas seulement sous la pression des instructions officielles. Également par respect des élèves qui ne disposaient pas d'une grande latitude face au texte, mal guidés par des questions inopérantes. Le barème de notation, du coup, n'a guère de sens, sinon qu'il permet de « grappiller » quatre points facilement dans la première partie de l'épreuve. En n'obtenant qu'un quart des points sur la deuxième partie, signe d'une maîtrise très imparfaite du commentaire, le candidat pouvait s'en sortir avec 8 sur 20.

Le troisième sujet, la dissertation sur un sujet littéraire, a été choisi par dix-neuf candidats sur quatre-vingt-dix, treize « littéraires » et six « économistes ». Moyenne : 9,1 sur 20.

Le sujet portait, comme c'est la règle, sur une œuvre inscrite au programme obligatoire. Cette année, une œuvre théâtrale du XXe siècle inspirée des mythes antiques.

Une œuvre et une seule ! Dès lors, si l'élève montre qu'il en connaît plusieurs et, mieux encore, s'il parvient à les comparer, la note grimpe. Ma meilleure note, 15 sur 20, est allée à une copie assez bien rédigée qui faisait la preuve que les œuvres n'étaient pas seulement prétexte à citations, mais qu'elles avaient été lues, et qui proposait une authentique réflexion personnelle. Elle commençait ainsi :

Pour étudier le mythe antique, je m'appuierai sur différentes œuvres qui seront les Mouches de Jean-Paul Sartre, Électre et la Guerre de Troie n'aura pas lieu de Giraudoux et enfin Antigone d'Anouilh.

Mais, à côté de cela, combien d'autres copies où les titres n'étaient que des références vides, où les noms propres étaient souvent écorchés : *Giroudoux* au lieu de Giraudoux, *Anouilt* ou *Ahnouill* pour Anouilh, *Oedique* pour Œdipe, *les errenyes* pour les Érynnies, où Antigone devient *la fille de Créon.*

Que dire d'autre ? Vaste question que celle des mythes antiques. Sujet difficile que celui de leur « actualisation » dans le théâtre au XXe siècle... Alors, dans bien des cas, le correcteur a l'impression de relire, fautes en plus, les « topos » distribués en classe ou ceux que d'avisés éditeurs ont pris soin de faire paraître.

Au total, quel que soit le sujet choisi, les copies sont bien loin des attentes légitimes qu'un professeur de français peut avoir quant à la connaissance des textes, tout au moins dans les sections générales.

Que dire de l'expression ? Les moyennes auxquelles j'arrive, notamment dans les deux premiers sujets, ne reflètent pas l'impression générale de médiocrité. Plus préoccupant, la rareté des copies où transparaît un véritable intérêt pour la littérature. Combien ai-je repéré parmi mes quatre-vingt-dix candidats de vrais « littéraires » ? Une poignée, une dizaine tout au plus.

Je ne me fais pas plus d'illusions sur les résultats de mes propres élèves de première L. Quelques-uns manifestent de grandes qualités et auront vraisemblablement de bonnes notes. Beaucoup d'autres, je le crains, n'obtiendront pas la moyenne. Il est vrai que la plupart sont venus dans cette section, non par amour de la littérature, mais pour étudier les langues. Ceux-là ne sont pas davantage attirés par les textes que les élèves des autres sections.

Que s'entend-on répondre lorsqu'on s'en plaint ? « Ce ne sont pas des littéraires, mais des linguistes, voyons ! » De curieux linguistes [1], suis-je chaque fois tentée de rétorquer, tout aussi indifférents aux subtilités de la grammaire qu'aux grands classiques des littératures étrangères.

Baccalauréats technologiques et général 1999. Oraux de français

Pour la compréhension des comptes rendus, il n'est pas inutile de rappeler comment se déroule cet oral et sur quoi il porte.

L'interrogation, préparée pendant vingt minutes, s'articule en deux parties égales en durée (dix minutes chacune) ainsi définies par les instructions officielles (*Bulletin officiel* et note de service de 1994) :

« 1. *La lecture d'un court passage* (une quinzaine de vers ou une quinzaine de lignes de prose) tiré de la liste d'œuvres et de textes présentés par le candidat. Il peut s'agir de tout ou partie de l'un des textes réunis dans le cadre d'un groupement, ou d'un passage, quel qu'il soit, d'une des œuvres intégrales étudiées. Le candidat lit un texte à haute voix. Il l'examine méthodiquement. Il propose, en se fondant sur des remarques précises, un jugement motivé sur ce qui en constitue à ses yeux l'intérêt.

« 2. *Un entretien*, qui permet à l'examinateur d'élargir l'interrogation dans la perspective du groupement de textes ou de l'œuvre intégrale dont le texte étudié est un extrait.

« L'évaluation prend en considération les connaissances du candidat, ses capacités d'analyse, de réflexion, la correction et la netteté de son expression. La première partie de l'épreuve permet en outre d'apprécier plus précisément son aptitude à organiser son propos et à l'exposer avec ordre et clarté, la seconde son aptitude à entrer dans un dialogue et à argumenter dans un échange suivi.

« Chaque candidat se présente avec une liste comportant des extraits des œuvres intégrales inscrites au programme

1. Ce terme impropre est couramment employé pour désigner les élèves qui privilégient en section littéraire l'apprentissage des langues vivantes.

obligatoire de l'année et des groupements de textes "choisis selon une cohérence thématique ou une problématique clairement indiquée : par exemple, un groupe de poèmes permettant d'étudier l'évolution d'une forme fixe comme le sonnet ou un thème comme la fuite du temps chez les poètes romantiques, un choix de pages groupées pour l'étude de la critique de la société chez les philosophes du XVIIIe siècle" ». Dernière exigence pour la composition de cette liste : « La répartition des œuvres et des textes figurant sur la liste doit être telle que trois siècles au moins, du XVIe au XXe, et chacun des genres littéraires principaux (poésie, roman, théâtre, littérature d'idées) soient représentés. »

COMPTE RENDU D'INTERROGATION ORALE DE M***

J'ai interrogé cette année, à raison de dix-huit par jour, quatre-vingt-dix élèves de première technologique. Mon compte rendu ne portera que sur les oraux des deux premières journées d'interrogation.

Première remarque : les listes présentées par les candidats étaient pour la plupart consistantes. À côté d'extraits – souvent les mêmes hélas – des deux premiers livres des *Confessions* de Rousseau, la seule œuvre « complète » obligatoire dans cette série depuis deux ans, on trouvait des choix de textes tirés d'autres œuvres complètes étudiées hors programme, de *Ruy Blas* ou encore d'*Antigone* d'Anouilh, de *La Vie devant soi* d'Ajar, du *Dom Juan* de Molière, du *Père Goriot* de Balzac et même de *Paroles* de Prévert.

Les groupements de textes présentaient eux aussi une variété intéressante. Les groupements « classiques » sur les premières pages de roman, la littérature épistolaire, la tragédie se mêlaient à des nouveautés : « poésie et engagement », avec un choix de textes allant du XVIe au XXe (Agrippa d'Aubigné, Hugo, Aragon), « le héros des romans d'aventure » (Gil Blas, d'Artagnan, Michel Strogoff), ou encore un bon groupement sur « La bohème rimbaldienne ». Cette diversité permettait d'éviter la monotonie et ses effets pervers sur la notation, soit une sévérité injustifiée, soit une indulgence tout aussi mal venue.

La moyenne obtenue dans ces conditions témoigne cependant d'un niveau général préoccupant.

On constate en effet que beaucoup de candidats, sinon la plupart, sont peu capables de faire autre chose, après un semblant d'introduction souvent truffé d'erreurs, que de régurgiter une explication plus ou moins bien assimilée et retenue. Au-delà, rien : aucune conclusion personnelle, aucun recul, aucun intérêt.

La deuxième partie de l'épreuve, l'entretien, prend alors parfois, quelque effort que l'on déploie pour tirer le maximum en faveur du candidat, ainsi que le ressassent les instructions, un tour catastrophique.

La moindre question sur l'extrait étudié, sur la cohérence du groupement de textes ou sur l'œuvre complète supposée connue prend des allures de « piège ». Beaucoup semblent incapables de réfléchir par eux-mêmes, ils ne peuvent étayer les explications qu'ils viennent de donner, mettre en perspective tel épisode de roman ou de pièce de théâtre par rapport à l'œuvre entière. En outre, et c'est le plus navrant, la majorité d'entre eux ne comprennent pas qu'un texte est lié à un contexte. Mais comment le comprendraient-ils, puisqu'ils ne savent rien de ce contexte historique ou littéraire ?

Quelques exemples de cette inculture.

Interrogeant sur un poème célèbre d'Aragon tiré du *Musée Grévin* signé François La Colère, je m'entends d'abord dire qu'*Aragon a fondé le Parti national des poètes* (en fait, le Front national des écrivains, qui faut-il le rappeler, n'a rien à voir avec le FN d'aujourd'hui) pendant la guerre. Quelle guerre ? La guerre de 1914-1918, me répond-on. Comme le candidat a expliqué que François La Colère était un pseudonyme, je pense à un lapsus et je tente de remettre les choses au point : je fais remarquer que les poèmes du *Musée Grévin* ont été publiés clandestinement en 1942, renseignement qui figure d'ailleurs en bas du texte, je rappelle la défaite de quarante, l'Occupation, la

Résistance. On m'écoute sagement. Retour au texte et au vers « Ce pays où l'on parque les hommes, etc. »

QUESTION. – À quoi le poète fait-il ici allusion ?

RÉPONSE. – *Je ne sais pas.*

QUESTION. – Vous n'avez pas entendu parler des rafles, des arrestations, des camps de concentration ?

RÉPONSE. – *Non, on n'en a pas parlé.*

QUESTION. – Dans votre explication, vous avez relevé les termes appartenant au champ lexical de l'animalisation. Parmi eux le mot « dauphin » précédant, regardez, le nom de Laval. Êtes-vous sûr que le dauphin soit ici un animal ?

Silence.

AUTRE QUESTION. – Le roi Pétoche ?

RÉPONSE. – *C'est le roi.*

QUESTION. – Connaissez-vous le sens du mot « pétoche » ?

RÉPONSE. – *Non.*

Cas isolé ? Effet du trac ? Admettons.

Pour un autre candidat, Victor Hugo écrit *Ruy Blas* alors que le président Georges Pompidou règne sur la France.

– Allons, dis-je, reprenez-vous, nous sommes au XIXe siècle, en 1838 !

– *Ah oui, je me suis trompé de siècle*, me répond-on, *Pompidou, c'est en 1938 !*

Changeons de sujet : les instructions nous conseillent d'éviter de déstabiliser le candidat. Pourquoi pas la versification ?

– Quel type de vers emploie Victor Hugo ?

– *Du langage soutenu avec beaucoup de ponctuation.*

– Voyons, ce ne seraient pas des alexandrins ?

Silence.

Sur un autre passage de la pièce, un autre candidat se montre incapable, malgré plusieurs essais, de compter sur ses doigts jusqu'à douze. Un troisième explique que Victor Hugo utilise des vers libres puisqu'ils sont de différentes longueurs !

Je m'étonne :

– Que voulez-vous dire ?

– *Certains sont plus longs que d'autres. Ils ne se terminent pas tous au même endroit.*

À propos de *Paroles* de Jacques Prévert, accumulation de bourdes : Prévert né en 1900 et mort en 1977 est *un écrivain du XIX*e*, il est bien connu à cause de la cigarette avec laquelle on le voit toujours en photo et d'ailleurs il est mort de la maladie de la cigarette.*

Dans « Familiale », le poème expliqué, charge acide contre l'univers étriqué de la famille petite-bourgeoise, l'élève croit, malgré l'évidence que l'auteur caricature le fils mort à la guerre. C'est *un bon à rien*, me dit-il.

– Et les parents ?

– *Ils vivent comme avant.*

– C'est-à-dire ?

– *Rien n'a changé dans leur vie. C'est le même train-train. La mère tricote...*

Un peu court comme observation ! Comment encourager le candidat à approfondir ? Je n'ose lui demander s'il sait ce que signifient les mots « antimilitariste » et « anarchiste ». Je me rabats sur une question moins dangereuse. Peut-il m'en dire un peu plus sur un recueil qu'il est censé avoir lu intégralement ?

RÉPONSE. – *Prévert a écrit* Paroles *parce qu'il sortait le soir et avait des choses à dire, d'où le titre.*

Groupement de textes sur « La littérature engagée au XVIIIe ». Interrogation sur un passage de Fontenelle, « La dent d'or ». L'explication est convenable. L'entretien l'est moins.

QUESTION. – La littérature engagée (je ne relève évidemment pas l'emploi anachronique du terme), qu'est-ce que c'est ?

RÉPONSE. – *C'est donner son avis.*

QUESTION. – Mais ici, contre qui ?

RÉPONSE. – *Contre les chrétiens, les moines.*

Je ne parviendrai pas à amener l'élève à identifier la cible de Fontenelle : l'irrationalité des croyances, ni ce pour quoi il plaide, la vérification des faits préalable à toute explication.

Œuvre complète, *La Machine infernale*, de Jean Cocteau.

QUESTION. – Où Cocteau a-t-il trouvé l'idée de cette pièce ?

RÉPONSE. – *En allant au théâtre.*

QUESTION. – Voir quelle pièce ?

Silence.

QUESTION. – Qui est Anubis ?

Silence.

QUESTION. – Qui est le Sphinx ?

Silence.

Aragon encore, mais cette fois « La rose et le réséda ». Texte dédicacé à Gabriel Péri, d'Estienne d'Orves, Guy Moquet et Gilbert Dru, résistants communistes ou catholiques exécutés par les nazis. L'explication ne dit rien du poème, ni des circonstances de son écriture. On relève deux champs lexicaux, celui de la guerre, celui de la paix.

QUESTION. – « Celui qui croyait au Ciel / et celui qui n'y croyait pas », cela parle de qui ?

Silence.

QUESTION. – Qui étaient ces gens auxquels le poème est dédicacé ?

RÉPONSE. – *Des soldats.*

QUESTION. – Vous relevez dans le poème les champs lexicaux de la guerre et de la paix. Pouvez-vous me dire si le poème a été écrit pendant la guerre ou pendant la paix ?

RÉPONSE. – *Pendant la paix.*

QUESTION. – Mais regardez la date de publication et réfléchissez au sens du texte.

RÉPONSE. – *Peut-être pendant une guerre. Mais comme toutes les guerres, elle s'est terminée un jour.*

Parlons pour finir de la langue des candidats : Meursault, dans *L'Étranger*, *ne laisse rien translater de ses sentiments*, un esclandre est *un conseil des ministres*, *le narrateur fait montrer que*, *insecte* pour inceste (à plusieurs reprises), *tersin* pour tercet, etc. Faire un relevé exhaustif était impossible. Dans l'ensemble, syntaxe souvent hésitante et tendance à confondre les mots ou à les employer à tort et à travers.

De surprenantes lacunes en géographie, surtout s'agissant de textes étudiés. Naples ? Dans l'est de la France. Le Caire ? Quelque part en Afrique. Thèbes, Goa ? Nulle part. Comment croire que les collègues n'ont pas donné les explications nécessaires ? Je sais trop comment celles que je donne sont vite oubliées pour accuser qui que ce soit de négligence.

Faut-il continuer à pratiquer ce type d'oral ? Faut-il continuer à faire semblant de croire que les textes sont compris ?

Après tout, certains s'en tirent : les plus dégourdis, ceux qui ont, qu'on le veuille ou non, de la « tchache » et un petit vernis. Quelques-uns, très rares, disons cinq ou six sur trente-six, manifestent de l'intérêt pour les textes et ont de réelles capacités de compréhension. Mes notes vont de 3 sur 20 à 16 sur 20. Moyenne : 9,15 sur 20.

COMPTE RENDU D'INTERROGATION ORALE DE G***

J'ai interrogé les matheux de la série S (Scientifique). Qu'en dire ?

Je crois qu'on assiste depuis cette année à un virage, une mutation amorcée déjà l'an passé. Les autres collègues du jury partageaient la même impression.

Outre la faiblesse des prestations, nous avons observé avec un certain ébahissement le naturel avec lequel les candidats portent leur désinvolture et le relâchement de leur langage.

Nous remarquons l'aimable simplicité avec laquelle nous traitent les adolescents. Il fallait d'habitude les mettre à l'aise. Voilà une situation totalement démodée, d'un seul coup. Tout juste s'ils ne serrent pas la main du prof en entrant. Qu'il soit examinateur ne les impressionne pas le moins du monde. Serait-ce simplement un signe d'inconscience ? Visiblement, ils ne prennent plus au sérieux cet oral de français.

Un élève s'est trompé. Il s'arrête, sourit : *Un, deux, trois, je repars...*

Les incorrections de langage sont légion : *Ils croivent...*, *Ils ne voyent pas que...* La familiarité est constante et insouciante : *Madame de Warens est la copine de Rousseau, Rousseau était avec Madame Bazile, il s'est fait jeter... il a raté son coup.* Le tout sans l'ombre d'une provocation, avec une candeur totale. Un collègue a parlé, à ce propos, de « langage défait ».

Quant au contenu de l'explication, on touche le fond.

Inutile le plus souvent de s'enquérir de la signification d'un détail, ou du sens de l'ensemble. Le candidat annonce victorieusement son plan : j'ai trouvé deux axes !

Il remplit ensuite les deux parties de son « explication » à coup de champs lexicaux ou de liste de pronoms personnels. On a, assez souvent, un beau florilège de figures de style. Rien au-delà.

Des instructions du *Bulletin officiel*, voilà quelques années, nous avaient fait bien rire. On continue d'ailleurs de les reproduire dans les conseils de correction pour l'écrit : « On n'exigera pas des candidats qu'ils utilisent des termes très techniques (rhème, enthymème, embrayeur, etc.) mais on ne pénalisera pas, bien évidemment, ceux qui les utilisent à bon escient. » La caricature est devenue réalité. Le texte étudié est lettre morte pour ces nouvelles générations de candidats. L'usage de la rhétorique, le technicisme de l'approche en ont eu raison.

Les « groupements de textes » que présentent les candidats sont, à mon avis, eux aussi très discutables. Les titres prétentieux masquent parfois une absence totale d'unité. Exemple : *Images du poète : de l'inspiration au travail sur l'écriture*, vu au travers de poèmes de Du Bellay, Le Pitre et Baudelaire. La « problématique » des groupements échappe aux élèves, incapables de faire un lien entre des textes, visiblement étudiés très superficiellement.

La bonne surprise est venue d'un seul établissement. Listes très simples, thèmes banals. Par exemple : *L'intérêt de la description dans les romans du XIXe siècle* avec, entre autres, la description de la Pension Vauquer dans *Le Père Goriot* d'Honoré de Balzac. Des interrogations à mettre soudain l'examinateur au paradis. Les candidats creusent le texte, ligne après ligne. Hérésie [1], je sais bien ! Ils dégagent tranquillement le sens, avec aisance, simplicité et perspicacité. Ils s'expriment bien, ils ont lu. Parfois avec passion. Les élèves se promènent dans les œuvres complètes comme s'ils étaient chez eux.

Ma moyenne sur 108 candidats est de 10,4. Tenons compte du fait que la réalité de l'épreuve, ainsi que la pression des instructions officielles, m'ont conduite, comme d'autres, à « jongler » pour en arriver à cette moyenne « conforme », celle qu'il « faut avoir ».

BACCALAURÉAT GÉNÉRAL 1999, HISTOIRE-GÉOGRAPHIE

(Sujets p. 59-67)

1. Cf. *infra*, chapitre « Sur l'enseignement du français au lycée ».

BACCALAURÉAT GÉNÉRAL

SESSION DE 1999

HISTOIRE – GÉOGRAPHIE

SÉRIES : **L - ES - S**

DURÉE DE L'ÉPREUVE : 4 heures

Les calculatrices ne sont pas autorisées

Ce sujet comporte 9 pages numérotées de 1/9 à 9/9

Le candidat doit traiter UN des trois sujets d'histoire de la première partie et UN des deux sujets de géographie de la deuxième partie

Tournez la page S.V.P.

Épreuve : **HISTOIRE-GÉOGRAPHIE**	Repère : **9HGGEME1**	Page : **1/9**

Première partie

HISTOIRE

Le candidat choisit UN des trois sujets proposés.

I.

COMPOSITION

Le modèle américain et son influence dans le monde depuis 1945.

Le candidat appuie sa réflexion sur quelques aspects significatifs de son choix.

II.

COMPOSITION

La France, puissance européenne et mondiale ; les grandes orientations de la politique extérieure française de 1945 à nos jours.

CHRONOLOGIE INDICATIVE :

1945	Attribution à la France d'un siège permanent au Conseil de sécurité de l'ONU.
1947	La France accepte le plan Marshall.
1949	La France adhère à l'Alliance atlantique.
1957	Traités de Rome.
1960	Première bombe atomique française.
1963	Traité de l'Elysée (coopération franco-allemande).
1966	Retrait de la France du commandement intégré de l'OTAN.
1989	Sommet de la francophonie à Dakar.
1992	Référendum approuvant le traité de Maastricht.

Épreuve : **HISTOIRE-GÉOGRAPHIE**	Repère : **9HGGEME1**	Page : **2/9**

III.

ÉTUDE DE DOCUMENTS

Comment caractériser le régime de Vichy ?

Liste des documents :

- *Document n° 1* : Texte lu par le maréchal Pétain, vice-président du Conseil, au Conseil des ministres, 13 juin 1940.
- *Document n° 2* : Maréchal Pétain, chef de l'État français : discours radiodiffusé le 30 octobre 1940.
- *Document n° 3* : Vichy vu par le général de Gaulle.
- *Document n° 4* : Note au sujet de la déportation des Juifs de la zone non occupée, 4 septembre 1942.
- *Document n° 5* : Affiche de propagande « La Révolution nationale », 1942.

Questions

1. Présenter les documents.
2. En fonction du sujet, sélectionner, classer et confronter les informations tirées de l'ensemble des documents et les regrouper par thèmes.
3. Rédiger, de façon synthétique (environ 300 mots), une réponse argumentée à la problématique définie par le sujet, en faisant appel, y compris de manière critique, à l'ensemble des informations tirées des documents.

Tournez la page S.V.P.

Document n° 1 :

Texte lu par le maréchal Pétain, vice-président du Conseil, au Conseil des ministres, 13 juin 1940.(1)

Nous reconnaissons tous que la situation militaire est aujourd'hui très grave. [...] Il faut bien examiner les conséquences qui résulteraient de la continuation de la lutte. Si l'on admet l'idée de persévérer grâce à la constitution d'un réduit national, on doit reconnaître que la défense de ce réduit ne pourrait être organisée par les troupes françaises en débandade, mais par des troupes anglaises fraîches. Mais si ce réduit, établi dans une région maritime, pouvait être organisé, il ne constituerait pas, à mon avis, une garantie de sécurité et exposerait à la tentation d'abandonner ce refuge incertain.

Or il est impossible au gouvernement, sans émigrer, sans déserter, d'abandonner le territoire français. Le devoir du gouvernement est, quoi qu'il arrive, de rester dans le pays sous peine de n'être plus reconnu pour tel. Priver la France de ses défenseurs naturels dans une période de désarroi général, c'est la livrer à l'ennemi.

Le renouveau français, il faut l'attendre en restant sur place, plutôt que d'une conquête de notre territoire par des canons alliés dans des conditions et un délai impossibles à prévoir.

Je suis donc d'avis de ne pas abandonner le sol français et d'accepter la souffrance qui sera imposée à la patrie et à ses fils. La renaissance française sera le fruit de cette souffrance.

Ainsi la question qui se pose en ce moment n'est pas de savoir si le gouvernement demande l'armistice, mais s'il accepte de quitter le sol métropolitain.

Je déclare, en ce qui me concerne, que hors du gouvernement s'il le faut, je me refuserai à quitter le sol métropolitain, je resterai parmi le peuple français pour partager ses peines et ses misères.

L'armistice est à mes yeux la condition nécessaire de la pérennité de la France éternelle.

Cité par Marc Ferro dans : *Pétain*, Fayard, 1987.

(1) Au château de Cangé (Indre-et-Loire) où le président de la République A. Lebrun a établi sa résidence provisoire de repli.

Document n° 2 :

Maréchal Pétain, chef de l'État français, message radiodiffusé le 30 octobre 1940.

Français,

J'ai rencontré, jeudi dernier, le chancelier du Reich.(1)

Cette rencontre a suscité des espérances et provoqué des inquiétudes.

Je vous dois à ce sujet quelques explications.

Une telle entrevue n'a été possible, quatre mois après la défaite de nos armes, que grâce à la dignité des Français devant l'épreuve [...] La France s'est ressaisie. Cette première rencontre entre le vainqueur et le vaincu marque le premier redressement de notre pays.

C'est librement que je me suis rendu à l'invitation du Führer. Je n'ai subi, de sa part, aucun diktat, aucune pression.

Une collaboration a été envisagée entre nos deux pays. J'en ai accepté le principe. Les modalités en seront discutées ultérieurement.

À tous ceux qui attendent aujourd'hui le salut de la France, je tiens à dire que ce salut est d'abord entre nos mains.

À tous ceux que de nobles scrupules tiendraient éloignés de notre pensée, je tiens à dire que le premier devoir de tous les Français est d'avoir confiance. [...]

C'est dans l'honneur et pour maintenir l'unité française – une unité de dix siècles – dans le cadre d'une activité constructive du nouvel ordre européen que j'entre, aujourd'hui, dans la voie de la collaboration.

Ainsi, dans un avenir prochain, pourrait être allégé le poids des souffrances de notre pays, amélioré le sort de nos prisonniers, atténuée la charge des frais d'occupation. Ainsi pourraient être assouplie la ligne de démarcation et facilités l'administration et le ravitaillement du territoire.

Cette collaboration doit être sincère. Elle doit être exclusive de toute pensée d'agression. Elle doit comporter un effort patient et confiant.

L'armistice, au demeurant, n'est pas la paix. La France est tenue par des obligations nombreuses vis-à-vis du vainqueur. Du moins reste-t-elle souveraine. Cette souveraineté lui impose de défendre son sol, d'éteindre les divergences de l'opinion, de réduire les dissidences de ses colonies.

Cette politique est la mienne. Les ministres ne sont responsables que devant moi.

C'est moi seul que l'Histoire jugera.

Je vous ai tenu jusqu'ici le langage d'un père. Je vous tiens aujourd'hui le langage du chef.

Suivez-moi. Gardez confiance en la France éternelle.

Pierre Milza, *Sources de la France du XXe siècle, textes essentiels*, Larousse, 1997.

(1) A Montoire.

Épreuve : **HISTOIRE-GÉOGRAPHIE**	Repère : **9HGGEME1**	Page : **4/9**

Document n° 3 :

Vichy vu par le général de Gaulle[1]

Pour moi, la faute capitale de Pétain et de son gouvernement c'était d'avoir conclu avec l'ennemi, au nom de la France, le soi-disant "armistice". [...] Par dessus tout, avoir soumis l'État à la discrétion du Reich, c'est cela qu'il fallait condamner, de telle sorte que la France fût dégagée de la flétrissure. Toutes les fautes que Vichy avait été amené à commettre ensuite : collaboration avec les envahisseurs ; lutte menée [...] contre les Français Libres ou contre les alliés ; combats livrés à la résistance en liaison directe avec les polices et les troupes allemandes ; remise à Hitler de prisonniers politiques français, de juifs, d'étrangers réfugiés chez nous ; concours fourni, sous forme de main-d'œuvre, de matières, de fabrications, de propagande, à l'appareil guerrier de l'ennemi, découlaient infailliblement de cette source empoisonnée.

Charles de Gaulle, *Mémoires de guerre. Le salut 1944-1946*, Plon, 1959.

(1) Passage consacré au procès du Maréchal Pétain.

Document n° 4 :

Note au sujet de la déportation des Juifs de la zone non occupée.

Paris, le 4 septembre 1942.

Au cours de l'entretien qui a eu lieu le 29 entre Oberg[1] et Laval, le Président a indiqué que les diplomates étrangers lui ont, à plusieurs reprises, posé la question de savoir pour quelle destination étaient acheminés les transports des Juifs livrés aux Autorités d'occupation. Il répondait qu'en principe, on les emmenait dans la partie sud de la Pologne. Il demande maintenant de lui indiquer la façon de répondre, afin d'éviter une divergence avec les renseignements donnés par nous.

Il a été convenu que le Président Laval communique en réponse à de telles questions que les Juifs transférés de la zone non occupée aux Autorités d'occupation sont transportés pour être employés au travail dans le Gouvernement général.

Signé : Hagen, chef supérieur des SS et de la Police du Commandement Militaire en France.

Cité par Serge Klarsfeld dans : *Vichy - Auschwitz. Le rôle de Vichy dans la solution finale de la question juive en France, 1942*, Fayard, 1983.

(1) Officier supérieur des SS en France.

Tournez la page S.V.P.

Document n° 5 :

Affiche de propagande : « La Révolution nationale » (1942)
éditée par le centre de propagande de la Révolution nationale d'Avignon

Épreuve : **HISTOIRE-GÉOGRAPHIE**	Repère : **9HGGEME1**	Page : **6/9**

Deuxième partie

GÉOGRAPHIE

CROQUIS DE GÉOGRAPHIE :

Le candidat choisit L'UN des deux sujets proposés.

Il réalise un croquis à partir du fond de carte fourni, accompagné d'une légende organisée et expliquée en quelques phrases. La légende et son commentaire peuvent être réalisés sur une feuille séparée.

I.

Les foyers de la puissance économique allemande.

II.

Densités de population et grands foyers de développement en Union indienne et en Chine.

Tournez la page S.V.P.

GÉOGRAPHIE – SUJET I

À rendre avec la copie

Épreuve : HISTOIRE-GÉOGRAPHIE	Repère : 9HGGEME1	Page : 8/9

GÉOGRAPHIE – SUJET II

À rendre avec la copie

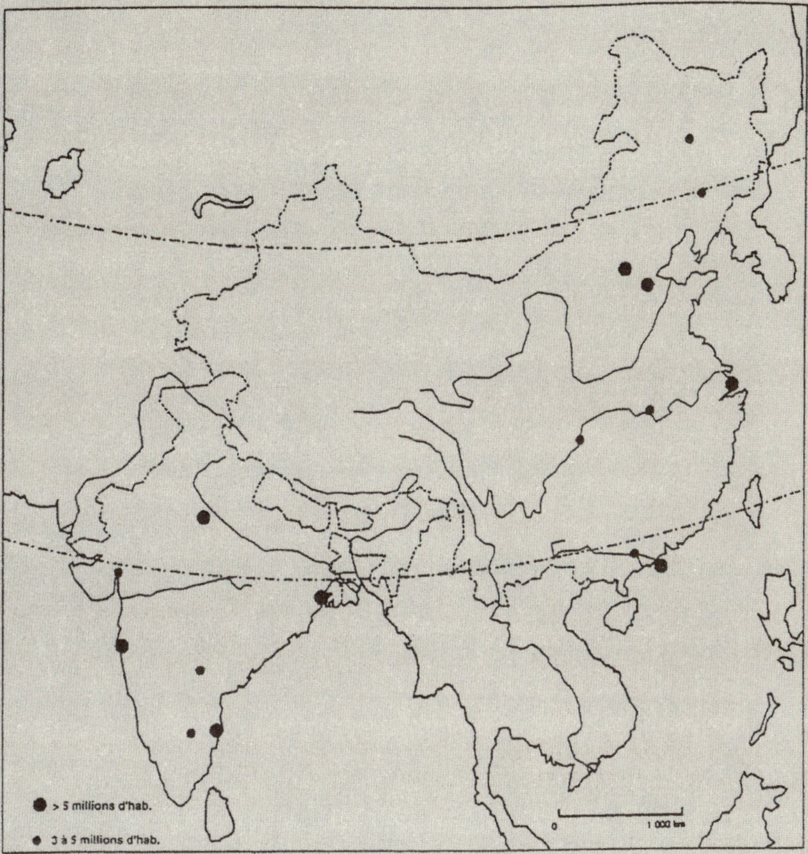

Épreuve : HISTOIRE-GÉOGRAPHIE	Repère : 9HGGEME1	Page : 9/9

COMPTE RENDU DE CORRECTION DE C***

J'ai corrigé cette année quarante-sept copies, dont vingt-sept n'ont pas dépassé la moyenne. Ma plus mauvaise note est 4 sur 20, ma meilleure 16 sur 20. Moyenne générale : 11,8 sur 20.

Avant de passer aux réflexions sur ces copies, je veux revenir sur l'injonction qui nous a été faite par l'inspection générale de ne pas hésiter à mettre plus de la moyenne aux candidats ayant réussi l'épreuve de géographie, alors que le barème initial prévoyait de l'évaluer sur huit points et l'épreuve d'histoire sur douze.

D'où venait le problème ? Des deux premiers sujets d'histoire, dont il suffit de lire l'intitulé pour comprendre qu'ils étaient hors de portée d'élèves de terminale. Était-il besoin de préciser encore qu'au cas où des candidats les choisiraient, les correcteurs ne devaient pas attendre d'eux des prouesses ? Tout cela n'est pas plus sérieux que réaliste. Les candidats, à quelques exceptions près, ont fait preuve de plus de bon sens en évitant tout simplement de traiter ces sujets fleuves.

Ils ont préféré très majoritairement l'étude de documents. Il fallait d'ailleurs s'y attendre puisque, dans leur esprit, la méthodologie imposée – 1° identification des documents, 2° tableau de confrontation, 3° synthèse – permet de glaner facilement quelques points.

Cela dit, peu de candidats ont compris la logique du sujet. La plupart ne font preuve d'aucun recul, d'aucune réflexion personnelle, d'aucun souci démonstratif.

Néanmoins, je constate que peu de copies sont totalement nulles mais, en même temps, que les bonnes copies sont bonnes, sans plus. Je dirais que ceux qui ont de bonnes notes ne doivent pas être mauvais, ils ont sans doute travaillé ; ceux qui en ont de mauvaises n'ont pas travaillé.

Parcourons une copie d'histoire (l'étude de documents, justement) notée 12 sur 20.

Passons sur la présentation des documents qui se résume à une énumération de titres et oublie de préciser le contexte historique, ce que je n'ai pas manqué, bien entendu, de relever en marge.

Cela commence à se gâter dans l'introduction avec le « classement des informations » (deuxième partie de l'épreuve) :

Le régime de Vichy fut mis en place pour régir la zone occupée, au Sud de la ligne de démarcation. Le maréchal Pétain était à la tête du gouvernement (puis Laval)... Les informations tirées de l'ensemble des documents nous montre la passivité, la collaboration du régime de Vichy. On y voit aussi une certaine résistance, une volonté de préserver la France. Mais il est évident que ce régime est dirigé par les autorités nazis, (comme un régime « fantôche »).

Cette analyse pour le moins approximative m'a fait froncer les sourcils. Le maréchal Pétain était-il chef de gouvernement ou Premier ministre, et de quel gouvernement ? Le régime de Vichy que l'on demande de caractériser pouvait-il être à la fois *passif*, *résistant* et *fantôche* ? Dans la marge j'ai noté « très mal formulé » et « inadéquat ».

La troisième partie du devoir, qui doit faire la « synthèse » des documents proposés, ne m'a pas tiré d'embarras. On y lisait d'abord : *Le régime de Vichy participa à la déportation des juifs et pour les autres pays, il servait de façade dissimulant les horreurs nazies. Par le régime de Vichy, le gouvernement essayait de dissimuler l'autorité nazie qui s'étendait sur tout le territoire.* Ensuite ces autres lignes : *De Gaulle dénonce le régime de Vichy comme étant un parfait collaborateur dans tous les domaines. (Il faut cependant préciser que de Gaulle vivait en Angleterre pendant la guerre alors que les français restaient en France, subissait la pression allemande quotidiennement).*

Comment juger ce que sait, ou ne sait pas, le candidat ? L'expression *participa à la déportation des juifs* signifie-t-elle qu'il connaît l'existence de l'antisémitisme de l'État français de cette époque ? Et que penser de sa parenthèse sur le général de Gaulle ?

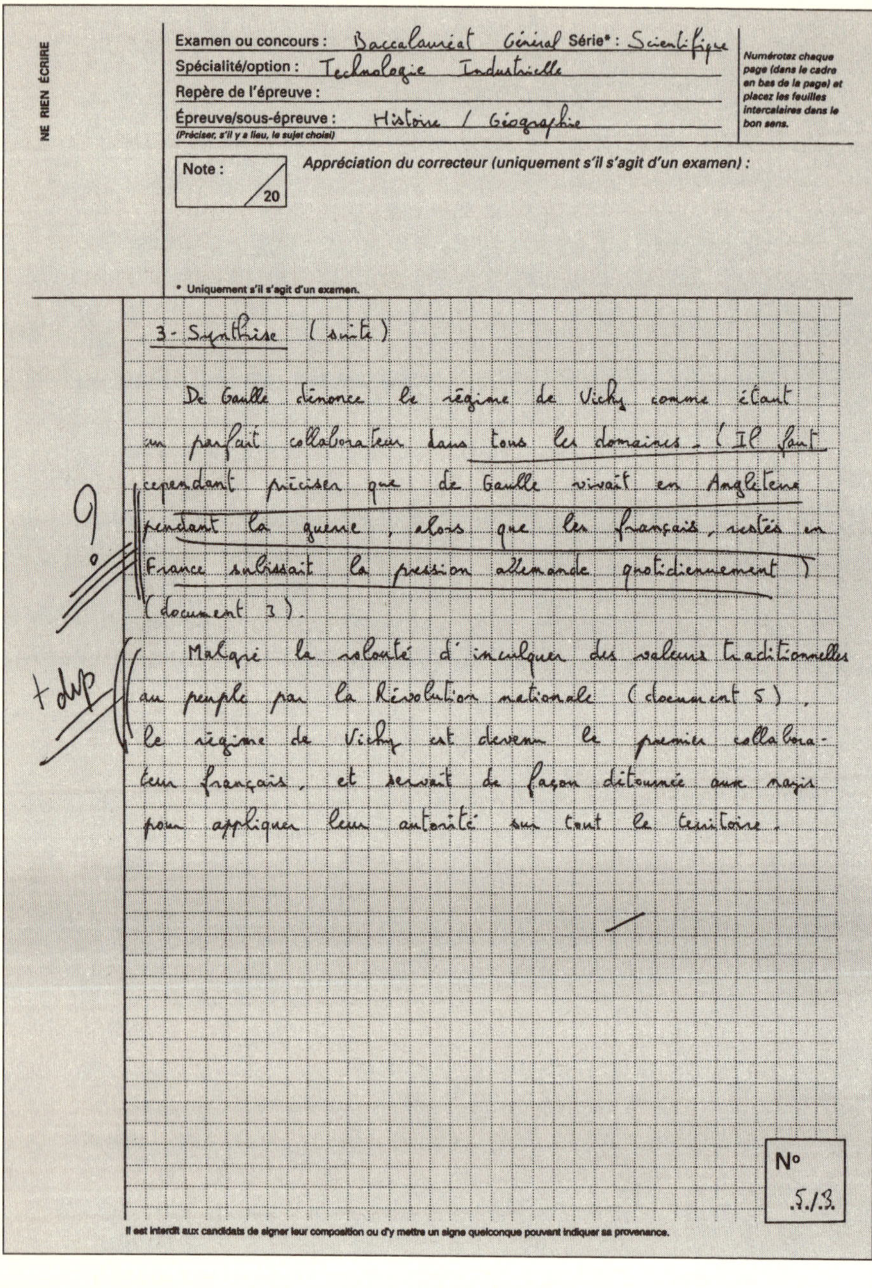
NE RIEN ÉCRIRE

Examen ou concours : Baccalauréat Général Série* : Scientifique
Spécialité/option : Technologie Industrielle
Repère de l'épreuve :
Épreuve/sous-épreuve : Histoire / Géographie
(Préciser, s'il y a lieu, le sujet choisi)

Numérotez chaque page (dans le cadre en bas de la page) et placez les feuilles intercalaires dans le bon sens.

Note : /20

Appréciation du correcteur (uniquement s'il s'agit d'un examen) :

* Uniquement s'il s'agit d'un examen.

3 - Synthèse (suite)

De Gaulle dénonce le régime de Vichy comme étant un parfait collaborateur dans tous les domaines. (Il faut cependant préciser que de Gaulle vivait en Angleterre pendant la guerre, alors que les français, restés en France subissait la pression allemande quotidiennement) (document 3).

Malgré la volonté d'inculquer des valeurs traditionnelles au peuple par la Révolution nationale (document 5), le régime de Vichy est devenu le premier collaborateur français, et servait de façon détournée aux nazis pour appliquer leur autorité sur tout le territoire.

?

+ dvp

N° 5/3.

Il est interdit aux candidats de signer leur composition ou d'y mettre un signe quelconque pouvant indiquer sa provenance.

« La troisième partie du devoir ne m'a pas tiré d'embarras », dit le correcteur.

On mesure là les limites d'un exercice, l'analyse de documents, qui ne permet guère de vérifier la solidité de la culture historique des élèves.

Cette copie méritait-elle le 12 sur 20 que je lui ai attribué ?

Sans doute pas, s'il n'avait fallu tenir compte que des connaissances historiques du candidat. Mais n'oublions pas l'épreuve de géographie qui lui aura permis de se rattraper à bon compte.

Comme dans cet autre exemple. Première partie de l'épreuve : de nouveau, le régime de Vichy.

Je cite : *Le régime de Vichy à souffert de « naïveté » se faisant duper par les promesses d'Hitler, et ne sachant peut-être pas tout sur ce qui se passait réelement.*

On peut conclure que le régime de Vichy est caractérisé en grande partie par sa collaboration avec les Allemands, qui, pour de Gaulle, était inévitable dès la signature de l'Armistice ; fallait-il faire autrement ?

On frôle le zéro pointé. Mais cette fois encore la géographie vient au secours du candidat, qui obtient une note globale de 8 sur 20.

Tous n'ont pas eu cette chance. Pour preuve ce candidat qui laisse en blanc sa carte de l'Allemagne (*voir p. 72*), après s'être malencontreusement embarqué dans un développement sur « le modèle américain », où j'ai pu lire pour toute analyse ce morceau de bravoure : *En effet, on se rappelle de l'époque du fameux oncle Américain parti faire fortune aux États-Unis, réussir une carrière en Amérique faisait rêver.* Le reste étant à l'avenant. Note : 4 sur 20.

La notation « globale » permet donc, sauf dans les cas extrêmes comme celui-ci, de jongler avec les insuffisances d'une copie et d'aboutir à une note honorable.

Cela explique, en partie je pense, le large éventail de mes notes, de 6 sur 20 à 18 sur 20 (et par la même occasion ma moyenne), alors que l'application stricte du barème m'aurait conduit à des résultats beaucoup plus médiocres.

Une dernière remarque : les annales corrigées, parues en

GÉOGRAPHIE – SUJET I

À rendre avec la copie

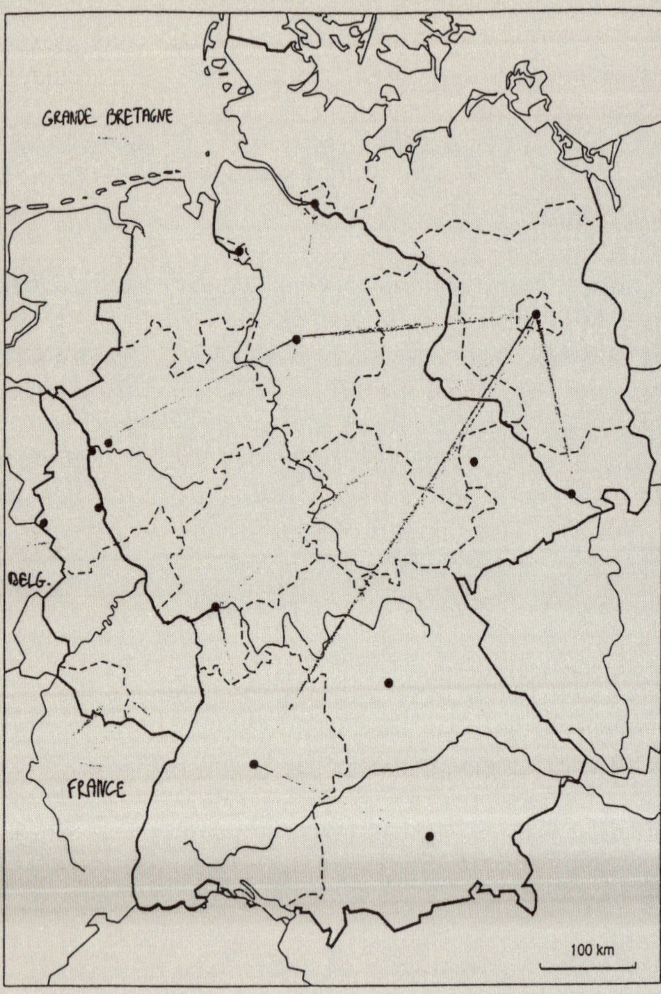

Épreuve : HISTOIRE-GÉOGRAPHIE	Repère : 9HGGEME1	Page : 8/9

« Une absence dramatique de repères géographiques », signale un professeur. Un exemple extrême, sans doute. Mais même dans de bonnes copies manquent les noms des fleuves.

septembre 1998 chez Hatier, traitaient le sujet de géographie sur l'Allemagne. Les commissions qui élaborent les sujets pourraient-elles éviter ce genre de coïncidence fâcheuse ? Après tout, il suffirait d'écarter pour l'examen les sujets retenus par les éditeurs d'annales du baccalauréat.

BACCALAURÉAT TECHNOLOGIQUE 1999. ORAL D'HISTOIRE-GÉOGRAPHIE

Cette épreuve, destinée aux seuls élèves de la filière industrielle (STI) se déroule, pour la deuxième année consécutive, à la fin de la classe de première. Au programme :

Histoire

– République et démocratie en France de 1848 à nos jours.
– Les relations internationales de 1945 à nos jours.
– Les mutations de la société française depuis 1945.
– Les régimes totalitaires en Europe de 1919 à 1939.
– La Seconde Guerre mondiale.
– Indépendance en Afrique et en Asie depuis 1945.

Géographie

– Le territoire français et son aménagement.
– Mondialisation et fragmentation du monde.
– La puissance des États-Unis d'Amérique.
– Approches géographiques de la dimension européenne.
– Deux géants démographiques en quête de développement : la Chine et l'Inde.
– Population et santé.

Déroulement de l'épreuve : le candidat se présente avec une liste de six questions (trois d'histoire, trois de géographie) vues dans l'année. Le professeur interroge le candidat quinze minutes sur une question d'histoire et cinq minutes sur une question de géographie, ou l'inverse.

Compte rendu d'interrogation de P***

Je viens de passer une semaine à interroger cent deux candidats de première STI (Sciences et techniques industrielles), spécialité Électronique et Génie mécanique. L'épreuve est affectée d'un coefficient 1.

J'insiste sur l'ambition démesurée du programme, programme à traiter en une quarantaine d'heures, donc bouclé en catastrophe au mois de mai, entre les ponts et les conseils de classe. Cela ne suffit pas à expliquer les lacunes que j'ai constatées chez les candidats, aussi bien en histoire qu'en géographie. En fait, on pourrait croire dans beaucoup de cas qu'ils n'ont jamais fait d'histoire-géographie !

Je vous communique, classés par sujet, ces brefs constats rédigés d'après mes notes d'interrogation, ce qui explique leur caractère parfois décousu.

Histoire

Sur « République et démocratie en France de 1848 à nos jours », ce qui m'a le plus frappé, c'est la méconnaissance absolue de l'histoire politique et de l'histoire des institutions pratiquement depuis 1789.

La Ire et la IIe République sont tombées dans les oubliettes. Le Premier Empire est confondu avec le Second. La IIIe République correspond à un grand blanc : aucune date repère, aucun nom, sauf celui du général Macaron (*sic*), cité par un candidat qui m'affirmait que les présidents de la IIIe étaient *monarchistes*.

Les candidats sont incapables d'expliquer ce que fut le Front populaire. Ne parlons pas des émeutes de février 1934, des courants nationalistes, du maurrassisme.

La Ve République, de Gaulle, c'est plus que flou.

Mai 68 n'évoque rien pour personne. Cohn-Bendit, dont le nom est connu, n'a aucun passé politique. C'est un *Vert*, point à la ligne.

L'ignorance des « lieux » du pouvoir – Palais-Bourbon,

Matignon, Élysée – est générale. Comme la confusion entre législatif et exécutif.

L'actuel ministre de l'Éducation nationale est un inconnu. On sait que Lionel Jospin est Premier ministre mais souvent on ignore à quelle formation politique il appartient. Impossible d'obtenir un tableau de la répartition actuelle des forces et des partis politiques.

Parmi les Premiers ministres de la dernière période, seuls Juppé, Cresson et Bérégovoy, à cause de son suicide, ont laissé des noms, guère plus.

Quelques « perles » : Balladur est au PC, Chirac est un dirigeant du PS, de Gaulle fut un chef de la gauche.

Sombres constatations s'agissant d'élèves qui sont déjà, ou en passe de devenir, électeurs.

Sur « Les relations internationales de 1945 à nos jours », sont bien maîtrisés : la division du monde en deux blocs, le rideau de fer, le climat de guerre froide. L'épisode le plus cité de l'affrontement est la crise des fusées de Cuba. Du coup Fidel Castro devient la figure centrale de la guerre froide. Seulement un sur vingt des élèves interrogés connaît Khrouchtchev, un sur deux Kennedy. Et, si les noms de Staline et de Gorbatchev sont dans toutes les mémoires, celui de Churchill, l'inventeur de l'expression « rideau de fer », paraît en être aujourd'hui sorti. Tentant d'élargir mon interrogation, j'ai avancé les noms de George Bush (connu de quelques-uns), de Ronald Reagan (connu d'un élève sur dix), de Richard Nixon (un élève sur trente !).

Sur la position de De Gaulle, le retrait de l'Otan : rien.

Sur « Indépendance en Afrique et en Asie depuis 1945 », cela commence plutôt mal : pour le premier candidat interrogé sur le sujet, l'OAS est *l'Organisation des Arabes qui se Sacrifient* !

Les suivants « recrachent » le cours, avec quelques confusions. Par exemple entre l'Indochine (des Français) et le Viêtnam (des Américains). Le nom d'Ho Chi Minh ne dit rien à personne. Sur la guerre d'Algérie, rien à dire sauf qu'« on a perdu » la guerre. Amnésie, lacune du cours ? comment savoir ?

Quant à l'Afrique noire, c'est le continent oublié. Je provoque des haussements de sourcils quand je parle de la Côte-d'Ivoire ou du Gabon. Et voilà que je me surprends à faire un cours au lieu d'interroger.

Sur de Gaulle, toujours rien !

Sur « Les mutations de la société française depuis 1945 », les candidats paraissent désarçonnés. Pourtant, ils pouvaient là tirer leur épingle du jeu, si j'ose dire, à défaut de savoir, en mettant en œuvre leur sens de l'observation – mais ont-ils les yeux ouverts sur la réalité dans laquelle ils vivent ? – ou même simplement en partant de souvenirs familiaux. Pourtant, sur les HLM, l'électroménager, la fermeture des mines et des grands centres métallurgiques, l'exode rural, la désertification, les autoroutes, les centrales atomiques, les conurbations, on n'a pas grand-chose à dire.

Sur la crise, on commence toujours par les Trente Glorieuses (tête de chapitre du cours). Au-delà les connaissances sont vagues : quelques références au premier choc pétrolier, et l'on s'arrête.

En revanche, j'ai constaté une assez bonne connaissance des grands acquis sociaux et politiques : congés payés, Sécurité sociale, vote des femmes, etc.

Sur « Les régimes totalitaires en Europe de 1919 à 1939 », deux ou trois confusions entre Staline et Lénine, Mussolini *prend le pouvoir à cheval.*

Le nom d'Hitler est synonyme à lui tout seul de nazisme car le régime nazi, ses instances et ses méthodes intérieures et extérieures, on ne connaît pas. Nazisme et fascisme sont d'ailleurs confondus. L'antisémitisme d'État ? Aucun des candidats interrogés n'est capable de citer spontanément le nom d'un camp de concentration. Un sur deux ne réagit pas quand je prononce les noms d'Auschwitz ou de Buchenwald.

Le Goulag ? Inconnu à 100 % !

Sur « La Seconde Guerre mondiale », ne creusons pas du côté des causes. La guerre de 1914-1918 est reléguée dans un passé aussi brumeux que lointain. Le traité de Versailles ne dit rien à personne.

Méconnaissance des grandes étapes du conflit : Pearl Harbour, Stalingrad. Une exception tout de même : le Débarquement.

En France, le régime de Vichy devient à deux reprises le régime d'Évian. Laval, connais pas ! Pour plusieurs, de Gaulle et Pétain sont indifféremment chargés du gouvernement de la France de 1940 à 1945 !

La collaboration paraît avoir été pourtant vaguement assimilée. Ce n'est pas le cas de la Résistance : la France libre ne figure dans aucun exposé. Il est vrai que, pour certains, de Gaulle prend le pouvoir en 1940 !

GÉOGRAPHIE

Sur « Le territoire français et son aménagement », les lacunes recoupent celles de la question d'histoire sur les mutations de la société : concentrations urbaines, décentralisation, désert français.

Notions mieux approchées, les métropoles d'équilibre, avec de vagues allusions à l'arc Rhin-Rhône.

En ce qui concerne les connaissances cartographiques et toponymiques, une constatation amusante : les grandes villes situées correctement sur la carte sont celles qui ont un club de football classé en division 1 : Marseille, Metz, Bordeaux, Rennes, Nantes, Montpellier, Toulouse, Lyon, Lille, Strasbourg, Sochaux, Paris, etc. À l'inverse, celles qui n'en ont pas, Clermont-Ferrand, Poitiers, Rouen, Grenoble par exemple, se trouvent dans un « quelque part ailleurs ».

Un élève sur cinq parvient à citer Strasbourg comme exemple de ville française « européenne ».

Les régions ? Les Pays de la Loire et l'Île-de-France sont cités et situés. Un tiers des élèves peut citer encore le Poitou-Charentes, aucun ne situe le Limousin ni la région

PACA. Une fois le sigle traduit, la Provence-Côte-d'Azur est confondue souvent avec le Languedoc (c'est le sud...), l'Auvergne est quelque part au centre, la Franche-Comté, la Lorraine, nulle part hélas.

Les fleuves ? La Saône inconnue à 100 %, le Rhône au-delà de Lyon s'égare, comme la Loire s'interrompt à Tours ou à Blois pour se perdre plus loin en amont dans un Centre qu'on ne situe pas. Le Rhin – c'est ce qu'on pourrait appeler l'« effet-frontière » – on connaît, mais on ne sait pas d'où il part ni où il arrive. « Effet-estuaire », à l'inverse pour la Garonne, qui débouche bien dans la Gironde mais prend sa source on ne sait trop où.

Une bonne surprise, les Dom-Tom sont correctement situés, à l'exception de la Nouvelle-Calédonie et de la Polynésie française, la francophonie une réalité familière.

Un refrain quasi unanime, plus ou moins explicité : les Dom-Tom, ça coûte cher à la France !

Sur « Mondialisation et fragmentation du monde », qu'est-ce qu'une civilisation ? Réponse néant.

Le couple Nord-Sud est assez bien traité, si l'on ne demande pas de localisations précises. Ignorés ou pas situés : la Corée, Singapour et, pour un tiers des candidats, ce qui est plus surprenant, le Japon.

Est-ce encore l'« effet football » ? Le Brésil et l'Argentine sont correctement évoqués, les grandes villes sont connues. Mais le reste de l'Amérique du Sud flotte dans un sous-continent aux contours indécis.

Une grande absente à nouveau, comme en histoire, l'Afrique noire. Surprise car, l'an dernier, sans doute à cause des événements du Zaïre, les candidats semblaient connaître un peu.

Sur « La puissance des États-Unis d'Amérique », des connaissances parfois précises comme la parité du dollar – on dit volontiers *billet vert* – avec le franc. Une généralité ressassée : la puissance informatique.

À côté de cela, des gouffres : on connaît au mieux cinq États, dont la Californie – mais sans Los Angeles et San Francisco – et surtout la Floride… Un sur cinq, pas plus, peut situer l'Alaska.

Et des confusions surprenantes : Toyota, BMW, Porsche en lieu et place de Ford et de la General Motors.

Demande-t-on des exemples de la puissance agricole ou de l'influence culturelle des États-Unis ? Un seul revient toujours : McDo.

Sur « Deux géants démographiques en quête de développement : la Chine et l'Inde », c'est loin et vague. Le couplet sur le problème démographique est « recraché ». Le nom de Mao émerge de temps en temps, mais personne ne sait qui dirige aujourd'hui. Pékin ? Bombay ? Delhi ? le Yang-Tseu-Kiang ? le Gange ? Rien. Amnésie totale en ce qui concerne les pays frontaliers, Pakistan, Bangladesh, pourtant en principe vus dans le cours d'histoire.

Concluons : comment expliquer le niveau très insuffisant de ces prestations ? Le coefficient est-il trop peu élevé pour mobiliser les élèves ? L'absence dramatique de repères chronologiques et géographiques me paraît avoir des raisons plus profondes. On s'aperçoit, quand on creuse, que les candidats parviennent à faire resurgir des bribes de connaissances. Ils se rappellent « avoir vu » tel ou tel sujet, telle ou telle période. *Ah oui !* disent-ils parfois, *on en a parlé au collège*. Mais comme c'est loin dans leur mémoire ! De plus en plus, celle-ci se rétrécit au passé proche : ce qui s'est passé la semaine dernière est à peu près su, le mois dernier, c'est déjà très loin. Mai 68, quand on connaît, c'est *la révolution*, la guerre de 1914-1918 c'était *avant*, 1789 c'était *autrefois*, l'Antiquité *il y a très longtemps*. Aucune perception de l'échelle des temps.

De ce point de vue, il faut bien dire que la conception des programmes d'histoire comme de géographie pose problème. On privilégie des approches globales, par grandes questions, alors que les repères chronologiques et géographiques n'ont pas été mémorisés par les élèves.

Moyenne générale ? 11,97 cette année, soit un point de plus que l'an dernier. L'inspection ne veut pas en effet de notes autour de 10, afin de ne pas discréditer la discipline. La majorité « doit » donc avoir 15, les « mauvais » 5. On note le « mérite d'avoir appris ». Personnellement, je note l'élève qui récite 12, celui qui a une culture un peu au-dessus du lot 15 ou plus. La difficulté, c'est que, à vouloir tester l'étendue de cette culture, on risque de tomber dans des gouffres béants. Alors, prudence. Les 5, je les réserve aux candidats qui ne « tiennent » pas une minute ou deux. Quelques questions permettent le plus souvent, dans ce cas, de vérifier qu'ils n'ont pas appris et de constater le vide « intersidéral » de leur savoir.

BACCALAURÉAT TECHNOLOGIQUE 1999, PHILOSOPHIE

(Sujets p. 81)

BACCALAUREAT TECHNOLOGIQUE
SESSION 1999

Toutes séries sauf F11 et F12

EPREUVE de PHILOSOPHIE

Durée : 4 heures **Coefficient : 2**

L'usage des calculatrices électroniques est interdit.

LE CANDIDAT TRAITERA, AU CHOIX, L'UN DES TROIS SUJETS SUIVANTS

1er SUJET :

Peut-il y avoir savoir-faire sans savoir ?

2ème SUJET :

Faire régner la justice, est-ce seulement appliquer le droit ?

3ème SUJET :

« Le seul qui fait sa volonté est celui qui n'a pas besoin pour la faire de mettre les bras d'un autre au bout des siens[1] : d'où il suit que le premier de tous les biens n'est pas l'autorité mais la liberté. L'homme vraiment libre ne veut que ce qu'il peut et fait ce qu'il lui plaît. [...]

La société a fait l'homme plus faible, non seulement en lui ôtant le droit qu'il avait sur ses propres forces, mais surtout en les lui rendant insuffisantes. Voilà pourquoi ses désirs se multiplient avec sa faiblesse, et voilà ce qui fait celle de l'enfance comparée à l'âge d'homme. Si l'homme est un être fort et si l'enfant est un être faible, ce n'est pas parce que le premier a plus de force absolue que le second, mais c'est parce que le premier peut naturellement se suffire à lui-même et que l'autre ne le peut. »

ROUSSEAU

Questions :

1. Dégager l'idée générale du texte et les étapes de son argumentation.

2. Expliquer :
   a/ « Le premier de tous les biens n'est pas l'autorité mais la liberté. »
   b/ « L'homme vraiment libre ne veut que ce qu'il peut et fait ce qu'il lui plaît. »
   c/ « La société a fait l'homme plus faible. »

3. Etre libre, est-ce ne dépendre que de soi ?

PHTEME 1

[1] Par « mettre les bras d'un autre au bout des siens », il faut entendre : « solliciter l'aide d'autrui ».

Compte rendu de correction par V***

J'ai corrigé cent trente-cinq copies. Plus des deux tiers des candidats ont opté pour le troisième sujet, les autres choisissant à égalité le premier ou le deuxième sujet. Une seule copie a atteint la note de 14 sur 20. Cent deux candidats n'obtiennent pas la moyenne, et une bonne moitié d'entre eux se situent en dessous de 6 sur 20.

Dans l'approche des deux premiers sujets, on constate une difficulté quasi générale à élaborer une véritable réflexion philosophique. Le premier sujet donne lieu à des développements sur la différence entre le « savoir inné » et le « savoir acquis ». Par exemple, entre le don de l'artiste et le savoir transmis par l'artisan à son fils. Autrement dit, de nombreuses copies sont hors sujet.

Le deuxième sujet, un peu mieux compris, si j'ose dire, a permis à un très petit nombre d'élèves de faire la différence entre le « légal » et le « légitime ».

Les copies qui traitent ces deux sujets tombent dans deux pièges : le premier qui est de répéter ce qui est dans l'air du temps, le second d'imiter en jargonnant une « posture philosophique ».

Quant aux candidats qui ont traité le troisième sujet, ils se livrent en général à une simple paraphrase du texte de Rousseau, alors qu'on leur demandait d'en dégager l'idée générale et les étapes de l'argumentation. Il arrive que le texte soit découpé en un nombre de parties égal au nombre de phrases. Quand il n'est pas purement et simplement recopié.

L'essai se réduit bien souvent à quelques considérations sommaires. Pour beaucoup, il s'agit de reprendre la thèse de l'auteur et de lui opposer de façon formelle et artificielle des contre-exemples.

Ainsi, on dira que pour être libre *on a besoin de la solidarité des autres. La preuve, quand on est en danger, on appelle au secours.*

Quels que soient les sujets choisis, la maîtrise de la langue est catastrophique : orthographe, grammaire, lexique sont fantaisistes. Une déficience chronique de culture générale s'observe à travers l'accumulation des stéréotypes, des constats tout faits ou injustifiés. Quasiment toutes les copies manifestent une incapacité à utiliser des connaissances ou des concepts qui font partie du programme de l'année.

EXTRAIT D'UNE « BONNE COPIE » (13 SUR 20), SUR LE TROISIÈME SUJET

Réponse à la première question :

L'idée générale du texte est que l'Homme est vraiment libre que lorsqu'il est indépendant des autres...

La thèse de l'auteur est située dès le début du texte (les deux premières lignes) suivit d'une déduction marquée par les deux points et « d'où ». En posant sa thèse au début et en déduire tout de suite quelque chose, a pour effet de convaincre le lecteur de lui donner une impression dans les propos de l'auteur. Puis toujours dans le premier paragraphe, il pose un argument que l'homme vraiment libre ne fait que ce qu'il peut et fait ce qu'il lui plaît.

Dans le deuxième paragraphe, Rousseau émet un autre argument qui est que « la société à fait l'homme plus faible » en lui ôtant le droit (sur lui-même) sur ses propres forces. Ainsi il prend l'exemple de la société qui donne plus de force à sa thèse, car lorsqu'il dit « a fait l'homme plus faible », cela signifie une dépendance plus importante et donc perte de liberté.

Passons à l'essai, d'une page et demie, rédigé par le candidat. Ce dernier entreprend de démontrer d'abord qu'on n'est libre que lorsqu'on ne dépend que de soi, ensuite que dépendre d'autrui c'est être libre. Extraits de sa démonstration :

Par exemple des personnes on construient leur maison qui est une maison autonome. Cela signifie qu'ils ne paient

plus rien à l'état, car ils se fournissent leurs énergies par leurs propres moyens. Par exemple pour electricité panneaux solaire et eolienne... [...] Ainsi par cet exemple, nous pouvons montrer que ne dépendre que de soi c'est être libre. Dans le cadre de notre société, la dépendance à autruie est nuisible à notre liberté. Mais dans le cas d'une tribu imborigène, les individus sont dépendants entre eux, mais indépendant du reste. Malgré cette dépendance ils sont libres.

J'ai valorisé, comme le demandaient les consignes de corrections, les quelques passages de cet essai où s'esquisse un raisonnement philosophique. Comme cette phrase où le candidat semble avoir eu l'intuition de la problématique du sujet : *Par c'est exemple nous pourrions dire qu'être libre c'est n'être dépendant que de soi et d'avoir recour à autruie sans en devenir dépendant.*

Bien sûr, il m'a fallu fermer les yeux sur les fantaisies orthographiques. Mais je suis « vacciné ». J'en ai lu bien d'autres, et de pires, dans les cinquante copies notées 6 sur 20 et moins.

Tous étudiants…

Comme le stipule la circulaire du 5 mai 1970, rappelée dans une note du 27 mai 1999 adressée à tous les professeurs et à tous les chefs d'établissement de l'académie de Nantes par le recteur Jean-Pierre Bénéjam : « Le baccalauréat est un examen où il s'agit au terme de longues études, de vérifier que le candidat en a bien tiré un profit normal et si il (*sic*) est éventuellement apte à poursuivre des études supérieures, ce à quoi l'habilite le titre de bachelier. »

Après le bac sautons à l'étape suivante et allons voir ce que peuvent donner les titulaires du « bachot » dans l'enseignement supérieur auquel ils accèdent de droit, munis du précieux parchemin.

Voici pour commencer un extrait d'une copie écrite par un étudiant en première année de DEUG, inscrit en sociologie à l'université de Tours. Note : 11 sur 20.

Sujet

En 1937, l'État nazi envisage la création d'une « administration des lignages », chargée de reconstituer et de préciser la composition des familles « allemandes saines », et d'établir une cartographie de leurs généalogies jusqu'à 1800 au moins. En théorie, ce recensement vise à identifier une « élite génétique de la nation » et doit contribuer, dans une stratégie idéologique plus large, à mettre en pratique le projet d'une régénération de la « race » allemande.

En vous référant à vos lectures, vous exposerez quels sont les présupposés idéologiques qui sous-tendent ce type de projet. Éventuellement, vous pouvez préciser quelles en ont été les implications sur l'institution du mariage.

EXTRAITS DE LA COPIE DE L'ÉTUDIANT

En 1937, en Allemagne, arrive au pouvoir un nouveau dirigeant, qu'on pourrait qualifier sans avoir de scrupules, de dictateur, Adolf Hitler. Fervant admirateur des théories d'extrémistes comme Gobino ou Chamberlain, l'auteur de Mein Kampf *va mettre à profit tout « son savoir » pour exterminer les juifs et autres ethnies, et ainsi lui permettre de fonder « une race allemande pure ».*

Ceci l'engage à utiliser certains moyens et idées racistes, souvent très dures de conséquences.

C'est dans l'entre de guerre, que la notion de pangermaniste réaparaît. Ce concept qui existe depuis le XVII*e siècle, renvoie à l'idée de pureté de sang et pureté de la « race » allemande, mais aussi, que se sont les seuls, à avoir donné naissance aux autres peuples. Hitler revendique donc le fait que les allemands sont les ancêtres des autres pays. De part cette supériorité, il va utiliser des théories déjà existentes, notement celle de Gobino et Chamberlain, pour appuyer ses idées et ses créations. C'est ainsi qu'il va revendiquer l'idée de pureté de sang et « race » en s'en prenant tout d'abord aux juifs. Sa principale idée est donc l'extermination des juifs et des autres ethnies qui ne font pas parti du peuple allemand. Il va donc effectuer un contrôle des naissances, c'est-à-dire que les juifs, ne pourront pas faire d'enfants car ils sont considérés comme des marginaux, des insociaux. Ce contrôle va donner lieu à des moyens d'interdiction très rudes, comme la stérélisation des femmes et des hommes. (...)*

La « pureté de la race », et du sang qu'Hitler prône, fait aussi apparaître l'idée d'un corps pur, sain, un physique parfait. Ceci renvoie à l'Apollon grec, musclé, avec des yeux bleus et des cheveux blonds.

Hitler veut donc créer un tat (sic) *allemand en s'appuyant sur des théories existentes ; pour lui une race pur et un sang pur va lui permettre de massacrer les ethnies qui ne sont pas allemandes. Grâce à l'institution du mariage, il arrive à contrôler les juifs, mais aussi son peuple car lui même n'est pas libre de choisir avec qui il veut vivre.*

RÉFLEXIONS DE D*** ,
LE PROFESSEUR QUI A CORRIGÉ CETTE COPIE

Les lacunes de mes étudiants de première année ? Une grande difficulté à comprendre et à exposer une problématique. Plus simplement à comprendre et à restituer une unité de sens. Et puis une indifférence choquante au sens des mots, qui conduit à employer un mot pour un autre. Je dis « ascendance » et on retient « descendance » et, si je m'en offusque, je m'entends répondre que vraiment « je chipote pour pas grand-chose » !

Entre 1992, mon année de maîtrise, et aujourd'hui, j'ai le sentiment d'un délitement. Nous lisions, cela allait de soi. Aujourd'hui je m'efforce de faire lire les journaux aux étudiants et disons que je suis content quand ils lisent un journal par semaine. Quant aux livres, une anecdote dit assez bien ce qu'il en est. En début d'année, je distribue aux volontaires des sujets d'exposés, des comptes rendus de lecture. Que l'on choisisse les livres « au poids » est à chaque fois une surprise. Mais que dire de cet étudiant qui, cette année, ayant pris le moins *pesant*, ajoute *ça devrait aller, à condition que je ne sois pas obligé d'ouvrir le dico à chaque mot !*

Pour me résumer, je dirais que l'on assiste comme à un désengagement…

Quelques interrogations en vrac sur ce qui me semble le plus inquiétant. À commencer par les confusions de sens dont je parlais tout à l'heure. Je constate que des étudiants arrivent chez nous, en sociologie, parce que, pour eux, dans « sociologie » il y a « social ». Alors ils viennent là pour faire des études les préparant à être des assistantes sociales ou des éducateurs sociaux. Soit dit en passant, le palier de réorientation, prévu après le premier semestre pour ceux qui se seraient trompés de voie, ne fonctionne pas du tout. En fait, motivés ou pas, ceux qui sont là y restent. Ils ont trouvé leur niche et n'en bougent plus. Deuxième constatation – et je rappelle qu'on parle d'étudiants en sociologie – la prévalence absolue de la télévision sur l'écrit, qui a deux conséquences dramatiques. La dernière information à laquelle la plupart peuvent se référer date de la semaine écoulée ; au-delà, c'est flou. Deuxièmement, le traitement télévisuel de l'information étouffe chez eux tout questionnement vrai. Ainsi, dans le Monicagate, le graveleux et le sensationnel priment. On ne s'intéresse pas à l'Amérique puritaine représentée par Kenneth Starr.

Dernière remarque : toute intervention d'autorité, tout rappel de la complexité des choses et de la nécessité du savoir est assimilée à une forme de « fascisme ». Quand j'essaie d'expliquer à des étudiants que la poésie qu'ils publient dans le journal de la fac ressemble à des travaux d'aiguille et n'a rien à voir avec un vrai travail poétique, on me répond : *Mais tu es un dictateur toi !* Chacun n'est-il pas libre d'écrire ce qu'il veut et de se prendre pour Rimbaud ? Le pire étant que, et j'en ai quelques exemples, quand les mêmes sont « arrivés » au moindre poste, ils ne se mouchent pas du pied et font preuve d'un autoritarisme de caporal-chef !

Relativisme

PREMIÈRE ANNÉE EN BTS ÉLECTROTECHNIQUE

Sujet de français : le savoir-vivre.

INTRODUCTION D'UNE COPIE DE FRANÇAIS

De nos jour, la société a besoin d'un certain savoir-vivre afin que chaque être humain ait du respect envers les autres, il ne faut pas forcément faire une révérence devant l'hotel de l'église mais il faut (même si on approuve pas cette religion) le respecter pour ceux qui prie dessus. Cet exemple peut paraître très ciblé et peut-être hors sujet pour parler du savoir vivre mais il explique que maintenant le savoir-vivre se fait de moins en moins appliquer car l'éducation des jeunes n'est plus la même.

COMMENTAIRE DU PROFESSEUR

Passons sur le non-respect des contraintes formelles dans toute introduction. Que viennent faire huit lignes consacrées à un exemple (en l'occurrence un faux exemple) à cet endroit du devoir ? Où est la formulation d'une problématique, où est l'annonce d'un plan ? Pour mémoire, rappelons que l'apprentissage de la technique de l'argumentation a commencé pour cet étudiant en classe de quatrième, c'est-à-dire il y a déjà six ans.

Passons encore sur l'absence relative de maîtrise de l'expression, l'élève se montrant capable d'utiliser correctement le subjonctif du verbe « avoir » après « afin que », mais aussi d'omettre le pluriel dans « de nos jours » et les accents sur « révérence » et « hôtel ».

Plus grave : la confusion entre « hôtel » et « autel ». Établissement signalé par le guide Michelin ou église ? Est-ce un simple lapsus ? Acceptons cette hypothèse. Il reste que, visiblement, dans l'esprit de l'élève, il y a confusion entre un lieu de culte et une religion en elle-même, implicitement la religion catholique désignée par le démonstratif « cette », dont le rituel consisterait à prier « devant » ou « dessus » un « hôtel » ! Au même titre, la religion et l'opinion sont confondues, puisque la première comme la seconde relèverait de *l'approbation*. Que signifie « approuver une religion » ?

Plus grave encore : tout en reconnaissant lui-même être *hors sujet*, l'étudiant n'en affirme pas moins sur la base d'un exemple fantaisiste que *le savoir-vivre se fait de moins en moins appliqué*.

Ce retour inopiné au sujet, contre toute attente, est un

geste de bonne volonté pour retrouver une cohérence à une rédaction dont l'élève lui-même a ressenti l'absence de logique.

Au-delà de ces observations, que nous apprend cette copie sur celui qui l'a rédigée ?

Non seulement qu'il ne connaît pas les pièges de l'orthographe (homonymie), qu'il ignore ce qu'est une religion (confusion avec la morale), que les lieux communs (les jeunes ne respectent plus rien) sont sa seule bouée de sauvetage, mais surtout qu'il sait pouvoir écrire impunément ces quinze lignes tout en avouant qu'elles sont incohérentes.

Impunément ? À peu de choses près, je dois l'avouer. Je me suis contenté de noter en marge : « Un exemple n'a pas sa place dans une introduction. Attention à l'expression. »

PREMIÈRE ANNÉE DE BTS INDUSTRIEL. TEST DE RENTRÉE

Sujet. Décrivez le fonctionnement d'une pompe à piston à simple effet d'après le schéma ci-dessous.

Même consigne, appliquée à la pompe à piston différentiel. (*Voir schémas p. 91.*)

REMARQUES DU PROFESSEUR

Pompe à air ou pompe à fluide ?

Passons ! Cet élève (*voir copie p. 92*) semble aussi maladroit dans l'usage de la langue française que désemparé face à cette culture technique qui a justifié son admission en BTS. Il n'a pas su faire la différence entre une pompe à débit discontinu et une pompe à débit continu.

Tous ceux qui ont eu à déchiffrer le mode d'emploi d'un appareil plus ou moins technique avant de le mettre en œuvre apprécieront. Devant ce type de copie l'on peut mesurer le chemin que ces futurs techniciens supérieurs ont encore à parcourir…

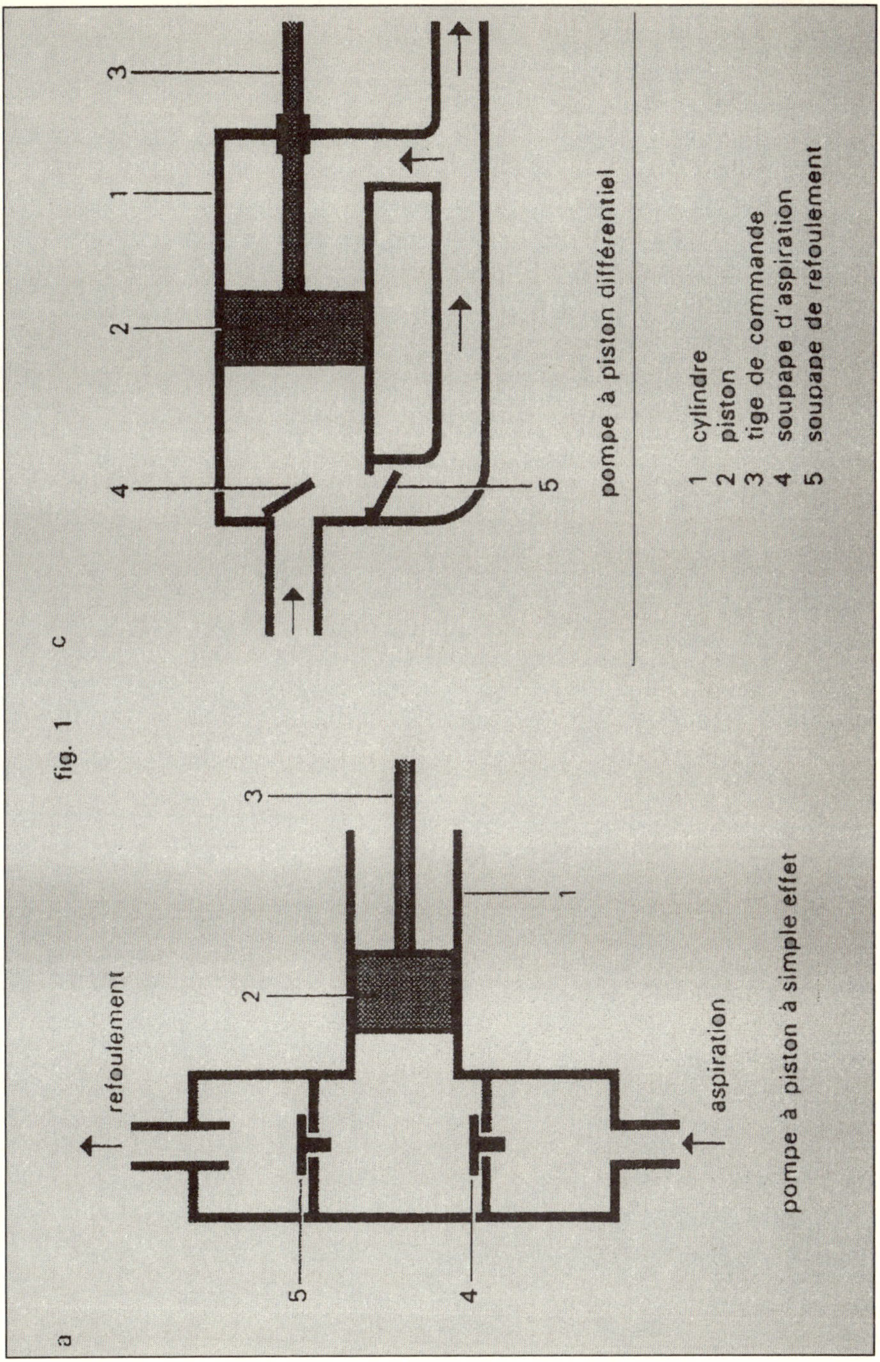

fig. 1
a
refoulement
aspiration
pompe à piston à simple effet
c
pompe à piston différentiel
1 cylindre
2 piston
3 tige de commande
4 soupape d'aspiration
5 soupape de refoulement

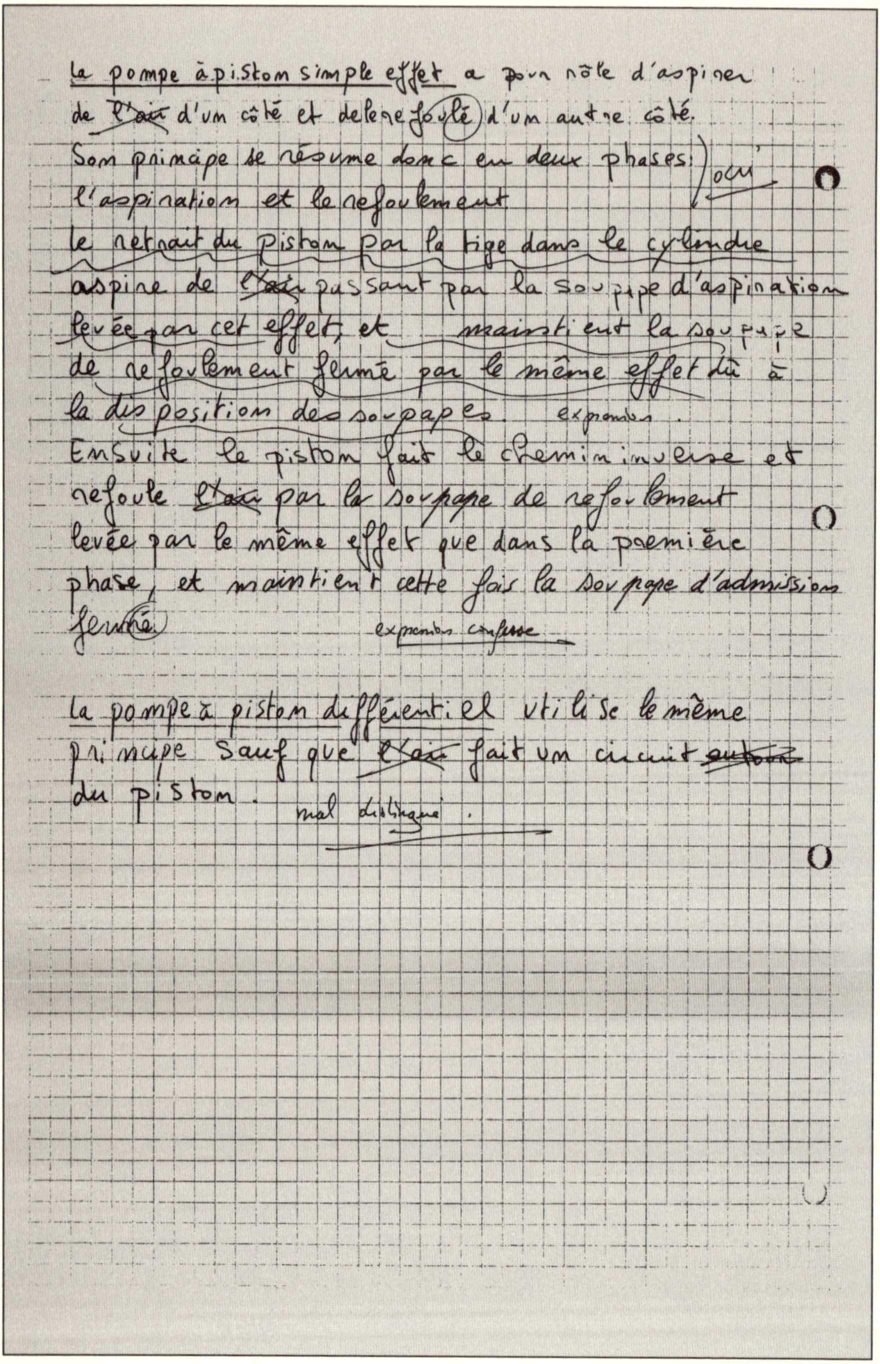
la pompe à piston simple effet a pour rôle d'aspirer
de ~~l'air~~ d'un côté et de le refoulé d'un autre côté.
Son principe se résume donc en deux phases: oui
l'aspiration et le refoulement.
le retrait du piston par la tige dans le cylindre
aspire de ~~l'air~~ passant par la soupape d'aspiration
levée par cet effet, et maintient la soupape
de refoulement fermé par le même effet dû à
la disposition des soupapes. expression.
Ensuite le piston fait le chemin inverse et
refoule ~~l'air~~ par la soupape de refoulement
levée par le même effet que dans la première
phase, et maintient cette fois la soupape d'admission
fermée
expression confuse

La pompe à piston différentiel utilise le même
principe sauf que ~~l'air~~ fait un circuit ~~autour~~
du piston. mal distingué.

BTS ACTION COMMERCIALE, 1re ANNÉE. DEVOIR DE FRANÇAIS

Sujet. Résumé d'un article de Catherine David, « Les enfants du catalogue », suivi d'une discussion sur la question suivante : Pensez-vous comme l'auteur : « C'est la spécificité de l'être humain et de la collectivité humaine qui est remise en cause par les expériences actuelles » ?

FIN DU RÉSUMÉ PROPOSÉ

Bientôt, le sperme, l'ovule, l'utérus... ce trouveront dans des supermarchés spécialisés comme les jouets. Mais il est encore difficile de prévoir les conséquences que cela aura sur le futur proche ou plus éloigné.

DISCUSSION, DANS SON INTÉGRALITÉ

Les recherches sur la conception des enfants sont de plus en plus proche de la perfection. Mais ces recherches n'entrainent elles pas une remise en cause de l'être humain et de sa spécificité et de même pour la collectivité humaine ? Nous répondrons à cette question en étudiant le pour et le contre dans deux parties distinctes.

Si les recherches sont aujourd'hui capables de réalisér des enfants pour des femmes et des hommes stériles c'est que l'être humain en avait besoin, car toutes femmes rêvent un jour d'élevé un enfant. Mais il existe d'autres raisons aux besoins de la recherche, car dans certains pays les femmes homosexuelles peuvent avoir un enfant en ayant recours à la fécondation in vitro. Donc on peut dire que la recherche pense que l'Homme n'est plus capable d'assurer son rôle de reproducteur. Mais la recherche remet en cause aussi la collectivité car elle tente ajourd'hui de faire des clonage, dans ce cas la nous risquons de tous nous ressembler un jour. Pour la recherche l'Homme (sa conception) detient encore beaucoup de secret.

Au contraire, la biologie fait des recherches que dans le but d'être favorable à l'homme et à l'avenir de l'homme. Car sans la recherche beaucoup d'homme serait mort à cause des maladies, beaucoup de couples ne pourraient avoir d'enfants. De plus grâce à la recherche, les scientifiques pourront déceler plus rappidement les maladies congénitales et les supprimér de plus il faut bien le dire, c'est que la recherche aura toujours besoin d'un « homme » et d'une « femme » pour créér un bébé.

Il est vrai que la recherche est de plus en plus perfectionné. Mais rien ne remplacera l'homme et la femme car ils sont indispensables pour la procréation de l'espèce humaine et donc de sa survit. L'avantage de l'Homme c'est que tout le monde il est différent donc si la recherche cherche à cloner l'espêces humaine cela lui retirera de sa spécificité qui est pour moi le plus important.

COMMENTAIRE DU PROFESSEUR

Cette copie d'étudiante en première année de BTS Action commerciale n'est pas, de loin, la plus mauvaise que j'ai eu à corriger. Elle fait d'ailleurs partie d'un paquet de trente-quatre dont aucune n'a obtenu la moyenne. Il s'agissait de résumer un texte sur la procréation médicalement assistée et ses conséquences, puis de rédiger un développement composé (exercice proposé à l'examen à l'issue de la deuxième année). L'étudiante a rendu son travail au bout de deux heures, alors qu'elle disposait de quatre heures.

Je précise qu'elle a obtenu son baccalauréat série STT (Sciences et techniques du tertiaire) avec la mention Bien. Ses prestations à l'épreuve anticipée de français avaient été notées 8 sur 20, à l'oral comme à l'écrit, sa copie de philo 7 sur 20.

Le conseil de classe de fin d'année de BTS lui a accordé son passage en deuxième année. Tous les professeurs des matières où il faut rédiger (elles représentent la moitié des coefficients à l'examen) ont exprimé leurs doutes sur ses chances de décrocher son diplôme. Les professeurs des matières dites techniques ont mis en avant ses qualités d'« accrocheuse », son sens du relationnel, son sourire, sa bonne volonté. À suivre donc...

Un retour en arrière s'impose.

Pouvons-nous être surpris des difficultés que rencontrent les étudiants dans l'enseignement supérieur, nous qui sommes professeurs en lycée ?

Essayons un peu de retrouver nos marques.

De quoi part-on ? D'élèves qui nous arrivent, peu importe comment ni pourquoi, tels qu'ils sont, c'est-à-dire tels que leurs écrits les font apparaître.

Voici donc encore, que le lecteur nous pardonne, un choix de copies de classes de seconde et de première qui devraient, à tout le moins, inciter à une réflexion salubre sur les buts et les méthodes de l'institution scolaire.

CLASSE DE SECONDE. EXERCICE DE FRANÇAIS

Entraînement à la rédaction de paragraphes argumentatifs. Sujet. Que pensez-vous des rapports entre les générations ?

EXTRAIT DE LA COPIE D'UN ÉLÈVE

Précisons qu'il n'est ni meilleur, ni plus mauvais que n'importe lequel de ses vingt-huit condisciples.

A l'aube de l'an 2000, deux grands milieux se sont formés. Le milieu de la jeunesse et celui de la viellesse. Pour celui des personnes agées il est plus dur de s'intégrer dans une génération de nouvelles technologie. Evidement cela afflut sur la considération qu'il benéficie actuellement.

Autrefois le respect de l'adulte était une chose majeur car l'expérience de « l'ancien » prend le dessus sur le manque de vécu de l'enfant. Aujourd'hui il ne se passe pas la même chose car le jeune qui vit l'actualité peut prendre le dessus sur le personne agé qui vit un peut en retrait de societé.

CLASSE DE SECONDE. DEVOIR DE FRANÇAIS

Sujet. Vous réfléchirez aux relations que l'homme entretient avec les animaux, qu'ils soient sauvages ou domestiques.

DÉVELOPPEMENT D'UN ÉLÈVE

Précisons qu'il est admis pour la rentrée 1999 en première, classe à l'issue de laquelle il se présentera aux épreuves anticipées du bac de français dont nous avons parlé dans les pages précédentes.

Tout d'abord les animaux ont servient depuis environ l'âge de l'écriture, par exemple la construction des pyramide en Egypte jusqu'au milieu de notre siècle, comme engin agricole dans les fermes par exemple : les bœufs ou les chevaux de trait pour tirer les charrues pendant le labour ou pour tirer les charettes pleine de paille ou de foin. Maintenant tous ce travail est pour le tracteur qui développent plus de puissance c'est pouquoi que je dis que les animaux étaient des pauvres bêtes mal traitées.

De nos jours les animaus surtout domestiques mais aussi quelques sauvages les compagnons des hommes. Dans mes alentours, j'entends de plus en plus parler de personnes qui offrent des animaux pour enlever la solitude de certaines personnes. Les éleveurs ne traitent plus leurs bétails comme un simple troupeau de vaches ou de cochons qui « sentent mauvais »

Pour finir, il y a une très grande relation entre les humains plutôt curieux et les animaux sauvages. Déjà, au début du siècle Saint-Exupérie avec le petit prince avait sorti l'apprivoisement entre le petit Prince et un renard. A notre époque, l'homme par contre va beaucoup plus loin il essai d'apprivoiser les grands ours polaires ou les lions d'Affrique. De toute évidence l'homme et et les animaux sont faient pour être « ensemble » a tout les niveaux. Cependant il faut s'arrêtter nous serons bientôt rendu à dormir avec des animaux sauvages, où va-t-on ?

Montons d'un cran. Nous voilà en première scientifique, « la voie royale de l'enseignement », au cours d'histoire.

CLASSE DE PREMIÈRE S. DEVOIR D'HISTOIRE

(*Copie page suivante.*)

Sujet. La crise du capitalisme entre les deux guerres.

Le professeur qui nous a communiqué cette copie n'a pas jugé utile de faire le moindre commentaire. La copie parle d'elle-même...

Pour la deuxième année consécutive, le ministère de l'Éducation nationale a pu afficher les meilleurs pourcentages de réussite à cet examen depuis trente ans. C'est-à-dire depuis juin 1968. Année où, après les événements de mai, le bac avait été « donné » à des candidats dont les cours avaient été interrompus pendant près de deux mois.

Le mois de mai 1998, comme le mois de mai 1999, n'a pas été agité par la rébellion. Aucune grève générale n'a suspendu l'activité du pays. Et rien n'est venu perturber le déroulement de l'année scolaire et la passation des épreuves du baccalauréat.

La qualité de notre enseignement secondaire et l'élévation du « niveau » des élèves auraient-elles fait des miracles ? La question mérite d'être posée.

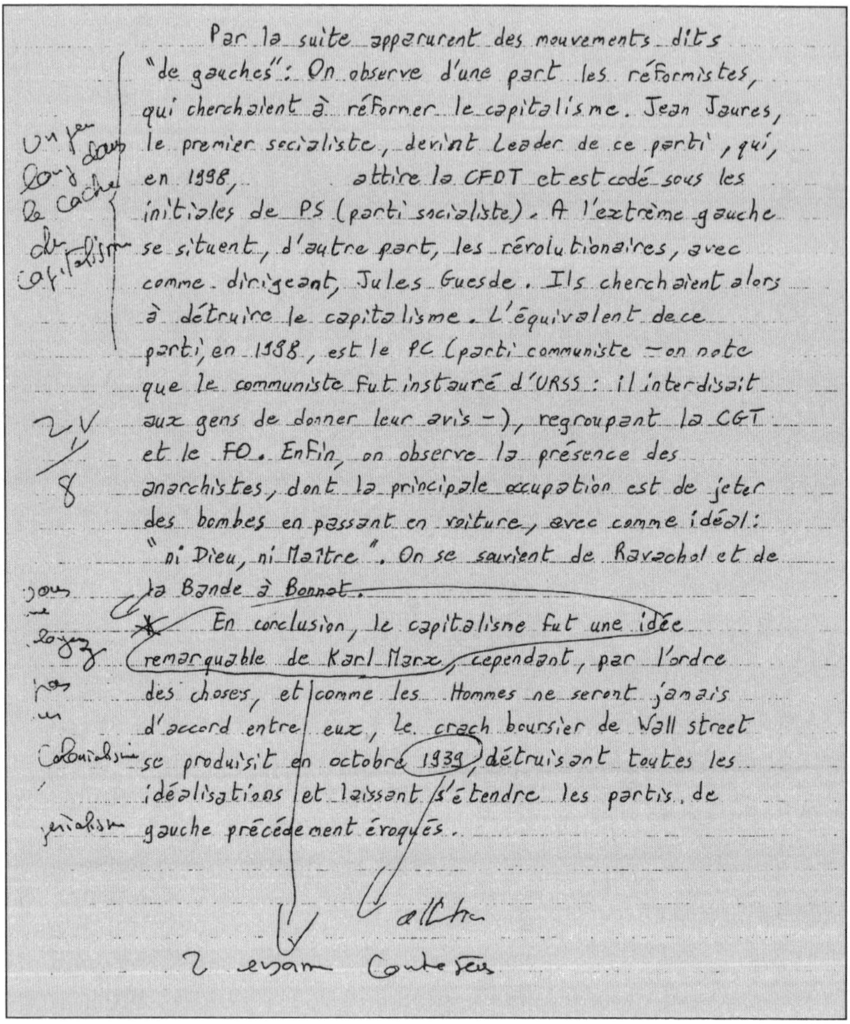
Par la suite apparurent des mouvements dits "de gauches": On observe d'une part les réformistes, qui cherchaient à réformer le capitalisme. Jean Jaures, le premier socialiste, devint Leader de ce parti, qui, en 1998, attire la CFDT et est codé sous les initiales de PS (parti socialiste). A l'extrême gauche se situent, d'autre part, les révolutionaires, avec comme dirigeant, Jules Guesde. Ils cherchaient alors à détruire le capitalisme. L'équivalent de ce parti, en 1998, est le PC (parti communiste – on note que le communiste fut instauré d'URSS : il interdisait aux gens de donner leur avis –), regroupant la CGT et le FO. Enfin, on observe la présence des anarchistes, dont la principale occupation est de jeter des bombes en passant en voiture, avec comme idéal : "ni Dieu, ni Maître". On se souvient de Ravachol et de la Bande à Bonnot.

En conclusion, le capitalisme fut une idée remarquable de Karl Marx, cependant, par l'ordre des choses, et comme les Hommes ne seront jamais d'accord entre eux, le crach boursier de Wall street se produisit en octobre 1939, détruisant toutes les idéalisations et laissant s'étendre les partis de gauche précédement évoqués.

« Une méconnaissance absolue de l'histoire politique… », déplore un correcteur du baccalauréat. Cet élève de première S a encore une année avant le bac pour mettre de l'ordre dans ses idées : y parviendra-t-il ?

Consignes et barèmes de correction : la cuisine du bac

Les copies, nous l'avons vu, révèlent les handicaps dont souffrent dans leur grande masse les candidats. Défauts de maîtrise de la langue, difficultés de compréhension, absence de recul et déconstruction des savoirs sont les principaux problèmes observés.

Comment obtient-on alors au baccalauréat des taux de réussite aussi exceptionnels qui génèrent tant de commentaires satisfaits de la part du ministère et qui rassurent l'opinion publique ? En effet, depuis deux ans, nous connaissons les meilleurs résultats jamais enregistrés. Le léger infléchissement des résultats de juillet 1999 devrait même, si l'on en croit ce qu'on a pu lire ici ou là dans la presse, priver d'arguments les détracteurs d'un « bac au rabais ». Nous serions les premiers à nous en réjouir. Après tout, l'excellent pourcentage d'admis au grade de bachelier vient récompenser le travail des milliers d'enseignants du secondaire. Pourquoi n'en retirent-ils alors guère de fierté et sourient-ils, un peu goguenards, à l'annonce des chiffres ?

Si les professeurs, dans leur majorité, ne se font pas beaucoup d'illusions, c'est qu'ils sont bien placés pour savoir comment fonctionne aujourd'hui le système.

Rappelons la procédure suivie dans la préparation puis le déroulement des épreuves, jusqu'à la publication des listes des recalés et des admis.

Durant l'année scolaire, dans chaque discipline, quelques enseignants choisis par les inspecteurs proposent et testent des sujets, élaborent les questions et un barème. Un premier, puis un deuxième sujet (prévu comme roue de secours au cas où un incident se produirait, ce qui a justement été le cas cette année en français au bac général) sont retenus. Imprimés en milliers d'exemplaires, cachetés dans des enveloppes noires, ce sont eux qui sont distribués aux candidats le jour J. Pendant que les candidats planchent, une commission de barèmes, sous la présidence d'un inspecteur pédagogique régional, rédige un corrigé-type, accompagné de remarques et de réflexions qui doivent guider les futurs correcteurs.

Après la passation des écrits, une réunion d'harmonisation rassemble par jury et par matière les professeurs appelés pour la correction. Chacun repart ensuite avec son paquet de copies sous le bras, et les consignes de la commission de barèmes. Une fois les copies corrigées et les oraux achevés, l'ensemble des jurys, présidés cette fois par des professeurs de la Faculté, se réunissent pour délibérer. Il s'agit de manière solennelle d'arrêter la liste des admis au premier tour (note globale supérieure ou égale à 10), des élèves envoyés au « repêchage » (note comprise entre 8 et 10), des refusés définitifs (moins de 8). C'est seulement après la semaine des oraux de rattrapage (début juillet) que les taux de réussite sont rendus publics, suivant les filières et les sections, au niveau de chaque académie comme à l'échelon national.

Opération lourde au calendrier très strict, on le voit, le baccalauréat n'est décidément pas une mince affaire. Ce qui nous préoccupe ici, c'est que, à chacune des étapes de son organisation, on mette tout en œuvre pour ouvrir au plus grand nombre la voie du succès. La méthode mérite d'être analysée.

Première étape : le choix et l'élaboration des sujets.

Jamais leur conception ne donne lieu à une large discussion. Jamais aucune des multiples lettres transmises à leur hiérarchie par les membres des jurys, après les examens, faisant observation sur la conception future des sujets ne semble porter ses fruits.

Résultat : les correcteurs se plaignent de la complexité des sujets retenus, du choix des textes de référence faisant appel à des connaissances que, de notoriété publique, les lycéens n'ont pas ou ne possèdent que très approximativement. On se trouve parfois devant des questions d'un bon niveau universitaire. Exemple : l'influence du modèle américain dans le monde, depuis 1945 à nos jours.

C'est cette inadaptation des sujets qui permet ensuite de leur enjoindre d'être indulgents.

Il n'est pas rare non plus qu'à des sujets complexes succède un questionnement simpliste : identifiez un temps, repérez un jeu de sonorités dans un poème. Le tout crédité d'une poussière de points qui finissent par faire les « bonnes notes ». Relevons encore le cas des sujets d'une facilité déconcertante, du niveau d'un bon élève de troisième des collèges. Les correcteurs de l'épreuve de mathématiques, en science médico-sociale, sont ainsi parvenus cette année à une moyenne générale supérieure à 16 sur 20.

Deuxième étape : les consignes de correction. Après les écrits, certains professeurs sont requis pour examiner un certain nombre de copies. C'est le moment où se discute l'ajustement de la notation à ce que sont les sujets et à ce que donnent les copies rédigées par les élèves.

Ces professeurs qui sont aussi correcteurs sont eux-mêmes pris entre la tentation de tenir compte des sujets, c'est-à-dire d'être rigoureux, et la nécessité de s'ajuster au niveau des copies.

Les conseils de ces commissions de barèmes sont couchés par écrit et commentés par un rapporteur lors de séances plénières, dites d'harmonisation. Les discussions sont vives souvent et, au bout du compte, chacun reçoit des mains du chef de centre son paquet de copies et repart chez lui les corriger.

Est-il besoin de ces conseils et des corrigés officiels ? Tout enseignant arrête sa notation en établissant une hiérarchie entre les copies d'une même classe ou d'un même paquet. Il ne peut pas non plus, sauf à jeter son tablier, « coller » des 4 et des 5 à tout le monde.

Néanmoins, pour le cas où quelques-uns feraient la mauvaise tête, les correcteurs sont sans cesse invités à faire preuve d'indulgence.

Les prétextes sont nombreux. Il y a ces sujets qu'officiellement on décrète, mais un peu tard, « trop difficiles ». Et puis, certaines questions se révèlent après coup inadaptées. Toute réponse sera alors admise. Cette année les correcteurs de physique du bac « techno » de l'académie de Nantes ont dû majorer toutes les notes de 10 %, compte tenu d'une « erreur » dans le sujet. En français, à propos du premier sujet, on pouvait lire au détour des conseils émis par la commission de barèmes : « La formulation ambiguë de la question incite à une certaine indulgence. » En l'occurrence, une question sur quatre points, tout de même. Même consigne pour le deuxième sujet : « On sera indulgent avec la deuxième partie de la question, compte tenu de l'imprécision de sa formulation ». Pour l'épreuve d'histoire-géographie, nous l'avons déjà signalé, on a noté sur 12 une question prévue sur huit points si cela pouvait bénéficier au candidat.

Lorsque les commissions de barèmes appuient leurs consignes sur des exigences disciplinaires indiscutables, il n'est pas rare qu'un courrier émanant de l'inspection vienne rappeler les professeurs à plus de « souplesse ». C'était le cas cette année en philosophie.

Voici quelques extraits d'une lettre d'un IPR [1], adressée aux collègues enseignant en série ES. À propos des sujets : « Il est résolument inutile de les juger, de les louer ou de le regretter ; c'est trop tard. Ils sont. » À propos de la notation : « J'insiste sur le fait que cette première rencontre (l'harmonisation, *N.d.A.*) ne doit pas d'abord porter sur la notation, mais sur l'évaluation, c'est-à-dire le classement des copies [...] en définissant pour chaque classe une échelle de notation : par exemple de 0 à 4 pour les prestations tout à fait médiocres, de 6 à 9 pour les copies

1. IPR : inspecteur pédagogique régional.

insuffisantes, de 11 à 14 pour celles qui sont satisfaisantes, de 16 à 20 pour les bonnes et très bonnes réalisations. On remarquera l'absence de 5-10-15 : ces "trous" doivent permettre de faire bouger les copies sans avoir l'impression de se déjuger. Les copies supérieures viendront prendre une place inoccupée, les autres augmentant d'un point à l'intérieur de chaque catégorie... Bien évidemment j'attends des collègues que mesurant le cas échéant l'écart de notation entre eux et les autres [...], ils ajustent leur notation globalement afin que soit réalisée cette "sur-justice" qui seule garantit la nature et la crédibilité de l'examen. »

Sous couvert d'une « harmonisation », certes nécessaire et légitime, une pression plus forte d'année en année s'exerce sur les correcteurs.

Claude Allègre, le 25 juin 1999, après la levée de boucliers provoquée chez les professeurs d'histoire-géographie par les instructions écrites leur demandant de réviser le barème initialement prévu, a fait part de son intention de faire disparaître de telles instructions (selon *Le Figaro* du 26-27 juin), les commissions d'harmonisation avant et après correction des copies étant maintenues.

Dernier round : les délibérations finales des jurys.

Une quarantaine de correcteurs sont réunis sous la présidence d'un professeur de faculté. Avec d'un côté les livrets scolaires des candidats portant les appréciations de leurs professeurs et les notes obtenues au cours de l'année. De l'autre les montagnes de copies fraîchement corrigées.

Le but du jeu est d'établir la liste des reçus, ceux qui ont plus de 10 de moyenne, compte tenu des coefficients, et la liste des repêchables, ceux qui ont au moins 8.

En réalité, toute la manœuvre, quand les notes sont inférieures à celles que l'élève était supposé en droit d'obtenir selon ses résultats de l'année, consiste à les ajuster au niveau du livret scolaire. On rajoute des points, que l'on distribue dans une ou plusieurs matières de l'examen, selon la bonne volonté des correcteurs.

La question se pose de manière cruciale juste en dessous

de 10, la note d'admission, et juste en dessous de 8, la note de repêchage.

Les prises de bec ne sont pas exclues. Certains vitupèrent encore les sujets, on ne peut plus vainement. Des obstinés s'en tiennent à leur notation et, consciencieux, brandissent les copies, les relisent, se justifient. Qu'importe. On est aux alentours du 5 ou 6 juillet. On a sué sang et eau sur 90, 100, jusqu'à 135 copies, ou on a interrogé autant de candidats à l'oral. Il reste à examiner plusieurs centaines de livrets, un par un.

Le président rappelle, comme c'est son rôle, les instructions. Un collègue, il y en a toujours un, prêche la bonne parole : l'examen stresse les jeunes, un incident est toujours possible, il faut récompenser l'application et le travail, la notation est toujours arbitraire… Bref, l'obstiné du début finit par lâcher quelques points, un ou deux maximum, pour une poignée de candidats. Les autres, pressés d'en finir, sont prêts à donner des signes de bonne volonté. Surtout, comme on l'a entendu, quand on fait appel à leur « humanité ». Un jury, à L…, a ainsi été jusqu'à attribuer vingt points supplémentaires pour repêcher un candidat. Il faut dire qu'au jeu des coefficients un point supplémentaire peut être multiplié par huit, dans les matières dominantes. Sur 86 candidats qui auraient dû passer l'oral de rattrapage, si l'on s'en était tenu à leurs notes, une bonne moitié a été admise du premier coup. Sur 215 candidats au total, les recalés se comptent, en fin de délibération, sur les doigts de la main.

La pesanteur des procédures, la défiance manifeste dont leur multiplication témoigne à l'égard des correcteurs conduisent beaucoup d'entre eux à se résigner. Partout ailleurs, on parlerait d'une « tromperie sur la marchandise ». Là, rien ou presque ne filtre en dehors de l'institution. Quelques protestations, parfois, comme celles des professeurs d'histoire et géographie révoltés par les consignes de révision des barèmes qu'on leur enjoignait d'appliquer sans discussion…

Questions impertinentes

La culture : ce qui reste quand on n'a rien appris

Après le tollé soulevé chez les professeurs d'histoire-géographie par les consignes dont nous avons déjà parlé [1], le ministère de l'Éducation nationale a éprouvé le besoin de préciser dans un communiqué publié le 22 juin 1999 [2] qu'« il [n'était] nullement question de dispenser un bac au rabais ». Dont acte.

Comment doit-on comprendre alors la consigne laconique donnée aux correcteurs depuis plusieurs années et dans plusieurs disciplines : « Soyez indulgents ! »

Indulgents pour qui ?

S'il s'agit des élèves en général, la bienveillance de leurs professeurs, qui n'exclut naturellement ni l'exigence ni la sévérité, leur est d'avance acquise tout au long de leur scolarité. Elle est indissociable de la fonction d'enseignant, pourrions-nous dire.

Mais s'il s'agit des candidats au baccalauréat dont les déficits de connaissances sont flagrants et la langue souvent à peine compréhensible, c'est autre chose. Toute indulgence serait alors déplacée, sauf à mettre en péril la validité

1. Le barème initial prévoyait de noter sur 12 le devoir d'histoire et sur 8 celui de géographie. Cependant l'inspection générale suggérait aux correcteurs de ne pas hésiter à aller jusqu'à 10 si la question de géographie était réussie, et précisait aussi que « pour la plupart des sujets, plusieurs réponses [étaient] possibles ».

2. *Le Monde*, 24 juin 1999.

de l'examen et à le rendre vain. Cela reviendrait également à faire prendre à ces jeunes gens des vessies pour des lanternes et à les préparer à de pénibles désillusions, ce qui serait encore plus lourd de conséquences.

Cependant le ministre nous assure qu'il ne s'agit pas de cela.

Alors, pour qui cette indulgence ? Peut-être pour un système qui fonctionne de manière de plus en plus cahotante, pour ne pas dire chaotique. Et pour un examen dont on attend qu'il masque par ses résultats ce que d'aucuns savent, ce que beaucoup pressentent, mais ce qu'il convient de ne pas étaler au grand jour : les incohérences d'un enseignement impuissant à trouver la bonne formule devant ce que l'on a d'abord appelé la démocratisation puis la « massification » (mot horrible), c'est-à-dire l'afflux de nouveaux élèves auparavant scolarisés dans des voies « courtes » et lancés très tôt dans la vie active.

Que montrent les copies que nous avons reproduites ? Des futurs bacheliers qui ne connaissent pas le b a-ba. Que faisaient observer les correcteurs ? Que les sujets ne sont pas adaptés, que la prétention ou l'inanité des questions, reflet des programmes, rend aléatoire la notation.

Prolongeons leurs remarques en posant une question taboue : le baccalauréat a-t-il aujourd'hui, partout en France, la même valeur ? Pour être plus clair, un 12 sur 20 dans telle discipline pèse-t-il grosso modo le même poids dans tous les quartiers des grandes villes et dans toutes les régions françaises ? Plus fondamentalement, le lycée réussit-il dans sa tâche difficile d'unification et d'élévation culturelle ?

Nous en doutons. Nous sommes bien placés pour constater que, non seulement à travers les filières sélectives (qui persistent quoi que l'on dise), mais aussi à travers le découpage de la carte scolaire, continue de jouer ce que l'on appelle pudiquement les déterminismes sociaux.

Le pourcentage de reçus au baccalauréat (près de 79 % en 1999, toutes série confondues) ne change rien à cette réalité. Pas plus qu'il ne bouleverse la donne en matière d'emploi et de stratification sociale. Les entreprises, publiques ou privées, savent en effet à quoi s'en tenir sur les capacités sanctionnées par ce diplôme.

Aujourd'hui, un chef de rayon (le plus modeste des cadres) entre chez Auchan avec un bac+4, tandis qu'avec un bac+2 les élèves de BTS Action commerciale sont embauchés « employés libre-service » au plus bas niveau de recrutement.

Au mois de juin 1999, La Poste a recruté trois mille nouveaux facteurs parmi les 79 100 candidats, souvent surdiplômés, qui se sont présentés à ses concours, en principe ouverts aux titulaires d'un BEP ou d'un CAP : la sélection a été faite sur la base de QCM (questionnaires à choix multiples) « pointus » d'histoire-géographie et d'une épreuve de langue française [1].

Au vu des copies de baccalauréat que nous avons montrées, combien de bacheliers pouvaient-ils prétendre à un emploi à La Poste ?

Ajoutons, pour compléter le tableau, que de petits patrons, artisans ou sous-traitants de la grande industrie nous ont fait part de leur inquiétude, les uns devant la difficulté croissante à trouver des « compagnons » aptes à travailler, les autres quant à la raréfaction des ouvriers qualifiés capables de lire un plan ou d'usiner une pièce un peu compliquée (*sur ce sujet, lire également les témoignages de professeurs du technique, p. 233 et suivantes*).

Voilà des réalités alarmantes que l'Éducation nationale devrait prendre en compte au plus vite. Plutôt que de discourir sur l'« élève au centre », la « maison-collège » ou la « maison-lycée », ou sur les miracles attendus de l'informatique pour tous et autres billevesées, elle devrait recentrer tous ses dispositifs sur l'acquisition des connaissances. À commencer par les connaissances élémentaires, aujourd'hui, répétons-le, en pleine déperdition.

---

1. Nous remercions M. André, directeur des ressources humaines de l'hypermarché Auchan du Mans et M. Karnesseca, responsable du service de formation et de communication de La Poste, de nous avoir fourni ces informations.

Faut-il pour autant parler de baisse de « niveau » ? Nous nous en garderons bien, car ce vocable de puisatier, qui a fait couler beaucoup d'encre, nourrit une polémique incessante et stérile à laquelle nous nous sentons parfaitement étrangers. Elle est née, on s'en souvient, avec la parution au Seuil en 1989 (l'année même du vote de la loi d'orientation destinée à encadrer l'ouverture de l'enseignement secondaire au plus grand nombre) d'un ouvrage au titre provocateur, *Le niveau monte* de Christian Baudelot et Roger Establet. Qu'écrivaient les deux sociologues ?

Ceci, par exemple : « Soit un professeur agrégé enseignant la philosophie dans une terminale trois heures par semaine. S'il compare l'étendue de la culture philosophique de ses élèves, leur aptitude à raisonner et leur motivation à philosopher à celles dont il témoignait lui-même, il ne peut conclure qu'à la baisse du niveau : il y a trente ans, on accédait à la classe de philosophie après six ans de latin et souvent quatre ans de grec et l'on consacrait neuf heures par semaine à la philosophie.[…] Le niveau des élèves qui sont aujourd'hui en terminale G ne doit pas être comparé à celui des élèves de philosophie d'il y a trente ans, pour la bonne raison que, il y a trente ans, les classes de terminale G n'existaient pas. Or, les terminales G accueillent aujourd'hui des élèves qui, il y a trente ans, auraient déjà quitté l'école sans la moindre formation philosophique. Si piètres philosophes qu'ils puissent être, il n'est pas erroné de conclure à leur propos à une hausse du niveau en philosophie. Un n'importe quoi est toujours supérieur à un rien du tout. »

La faiblesse de cette dernière conclusion saute aux yeux : à suivre le même raisonnement, les responsables de la Sécurité routière pourraient en effet déduire de l'augmentation des accidents de la route une hausse du niveau de conduite des automobilistes par rapport à l'époque où les Français n'avaient pas de voiture !

Du reste, peu importe ce que savaient les élèves il y a quarante ans, – pour prendre les mêmes repères que Baudelot et Establet –, l'essentiel est plutôt ce que l'école est capable d'apprendre aux élèves aujourd'hui.

Notamment à ceux que nous côtoyons tous les jours dans les sections technologiques qui ont remplacé les classes de série G.

De ce point de vue, nous n'aurons pas l'impudence d'écrire, comme l'écrivaient il y a dix ans les deux sociologues, que l'école enseigne « n'importe quoi », mais plus simplement, ce qui se vérifie tous les jours, qu'elle peine à enseigner au plus grand nombre les connaissances indispensables et à donner une formation de qualité aux milliers de jeunes qui passent en moyenne dix-neuf années de leur existence entre ses murs.

Ces précisions seront-elles suffisantes pour que l'on ne nous accuse pas de passéisme ? Rien n'est moins sûr. Depuis Baudelot et Establet, la question du niveau est comme un revolver posé sur la tempe de tous ceux qui entendent réfléchir aux défaillances de l'enseignement.

Ainsi, Mme Ségolène Royal, dans le numéro 4 du magazine du ministère de l'Éducation nationale, *XXIe Siècle* [1], jette-t-elle par avance le discrédit sur les critiques dont ses projets pour le collège pourraient être l'objet, en qualifiant les sceptiques de « tenants du catastrophisme scolaire : nostalgiques d'un âge d'or réinventé après coup… » « Les enseignants, poursuit-elle, savent que la réalité est autre : à l'école, rien ne va plus… de soi. Ni les façons, ni les raisons. »

Ni l'école elle-même, et c'est tout le problème, serions-nous tentés de rétorquer, quitte à passer pour des « catastrophistes » !

Dans *Le Monde* du 24 mars 1999 [2], M. Joshua, professeur en sciences de l'éducation à l'université de Provence, commence d'abord par rappeler que « beaucoup d'enseignants considèrent que le niveau ne fait que baisser », avant

1. *XXIe Siècle, le magazine de l'Éducation nationale, de la recherche et de la technologie*, n° 4, avril 1999. Bimestriel tiré à 1 250 000 exemplaires.

« Pour améliorer la diffusion et réduire le coût, le *XXIe Siècle* est désormais expédié au domicile de la plupart des agents du ministère de l'Éducation nationale », précise un encart au bas de la deuxième page.

2. Samuel Joshua, « Éducation, la tentation du renoncement », in *Le Monde*, 24 mars 1999.

de conclure, lui aussi, à une hausse du niveau, dans une argumentation qui mérite d'être analysée : « Mais que l'on compare le degré de difficulté qui peut séparer le fait d'avoir à reproduire “par cœur” une leçon d'histoire, et celui d'avoir à analyser, traiter, synthétiser des données nouvelles sur le moment (tableaux, diagrammes, etc.). Les professeurs de philosophie[1], si méfiants à l'idée d'un programme contraignant, savent-ils que la problématisation par notions, incontestablement plus exigeante, date des débuts de la massification ? À la logique de la restitution, s'est ainsi peu à peu mêlée une logique de la compréhension, beaucoup plus délicate et certainement plus formatrice. »

Plus « formatrice », la « logique de la compréhension » ? Voire… Car enfin que peut-on comprendre à ce que l'on serait bien incapable de restituer ?

Les propos de M. Joshua contiennent en outre une observation troublante. Il affirme en effet que « le degré de difficulté » s'est élevé dès « le début de la massification ».

Beau paradoxe : par quelle inconscience ou quel sadisme a-t-on pu placer les « nouveaux élèves », entrés en masse dans le secondaire au cours des dix dernières années, devant « une logique beaucoup plus délicate » que la logique de la restitution à laquelle les « héritiers » de la culture étaient, paraît-il, soumis hier ? Ce dont, soit dit en passant, leur formation ne semblait pas pâtir…

Ce professeur en sciences de l'éducation pose là, malgré lui et dans des termes contestables, deux vrais problèmes : la prétention démesurée des programmes, et celle d'un « pédagogisme » et d'un « technicisme » qui sont de plus en plus présents et pesants dans l'enseignement, au grand désarroi de beaucoup de professeurs.

1. À notre connaissance, nos collègues de philosophie ne méritent pas la réputation que tente de leur faire l'auteur de cet article. Leur objectif semble simple : ils cherchent à faire penser les élèves par eux-mêmes et ils y dépensent beaucoup d'énergie.

Ceux-ci doivent en effet se débrouiller comme ils le peuvent avec des programmes aussi décousus que surfaits et des méthodes alambiquées, instructions officielles obligent, devant un public dont les besoins basiques exigeraient un enseignement tout aussi basique. Le terme, n'en déplaise à M. Joshua, n'est nullement péjoratif et convient parfaitement pour désigner le travail d'un professeur qui garde les pieds sur terre et cherche à instruire ses élèves en les prenant tels qu'ils sont plutôt qu'à se gargariser de « méthodes ». Cela ne l'empêche pas, au contraire, d'encourager les meilleurs ou les plus rapides, en s'efforçant toujours de « tirer » les moins bons vers le haut. La modestie dans la définition des objectifs et des progressions, la prudence dans l'introduction d'exercices ou d'outils pédagogiques nouveaux ont toujours mieux convenu à la conduite d'une classe que l'expérimentation précipitée de « méthodes » miraculeuses.

La prétention des programmes, n'est-ce pas ce que Claude Allègre, passant en revue les dérapages de quelques disciplines, condamne dans un entretien avec Jacques Julliard, publié dans *Le Nouvel Observateur* en septembre 1998[1] ?

L'histoire : « Feuilletez donc ce nouveau livre d'histoire pour les classes de seconde, et vous verrez que ça plane à des kilomètres au-dessus de la tête des gamins. À l'évidence, ils ne pourront jamais assimiler ces blocs de connaissances livrés en vrac et dont on ne perçoit à peu près jamais le sens général. »

Les sciences naturelles : « Regardez aussi ce manuel des sciences de la vie du niveau de première. Une encyclopédie universelle pour un interne en médecine ! Au lieu de donner les bases et d'inciter à la réflexion, on plonge les élèves dans un indescriptible fatras. »

La géographie : « [Il y a un] divorce entre la géographie humaine et la géographie physique [alors que] la grandeur

1. Claude Allègre, « Arrêtons la course aux maths ! », *Le Nouvel Observateur*, 3-9 septembre 1998.

de la géographie, c'est précisément d'expliquer l'homme par son territoire. »

Enfin, à propos de l'anthropologie, de la sociologie ou de la démographie introduites dans les programmes du secondaire : « Je ne conteste pas la pertinence de ces enseignements spécialisés dans le supérieur. Mais dans le secondaire, ce sont les bases qu'il s'agit de donner. Et des bases solides. Pas une ribambelle de *digests.* »

Quant à la prétention des méthodes, les sujets du bac 1999 en sont la parfaite illustration.

En histoire, par exemple. En quoi est-il « formateur », pour reprendre les termes de M. Joshua, de demander aux candidats de se prononcer, à partir de quelques documents, sur le « caractère du régime de Vichy », question complexe dont débattent les spécialistes de la période ?

Certes, l'exploitation des archives et leur lecture critique est la base du métier d'historien, mais est-il raisonnable d'aller au-delà d'une initiation prudente à cette démarche dans le secondaire [1] ? Le jour du baccalauréat, n'aurait-il pas été plus raisonnable de s'assurer simplement que les élèves connaissaient les dates clefs du régime de Vichy, les fondements de son idéologie, ses principaux responsables, leurs rapports avec les autorités d'occupation, ou encore le rôle de la France libre et de son chef ? Mais il aurait fallu pour cela leur faire préalablement « mémoriser » quelques indispensables connaissances sur le sujet. L'a-t-on fait suffisamment ? Peut-être et même sans doute. Le problème est que les exercices de mémorisation disparaissent des pratiques de l'école : à force de n'être pas exercée, la mémoire des élèves est aujourd'hui comme un panier percé.

La question posée appelait, bien sûr, la réponse suivante : Vichy, qui prétendit défendre la France, fut en réalité un

1. Le *B.O.* du 29 juin 1995, relatif à l'enseignement de l'histoire-géographie, précise en l'occurrence qu'« il n'est pas souhaitable d'aligner les pratiques sur certains exercices parfaitement codifiés de l'enseignement supérieur (explication de texte, commentaire de carte) ».

régime de collaboration, antirépublicain par tradition, antisémite par conviction, et de surcroît assujetti à l'Allemagne nazie. Or, si c'est cela que l'on attendait des élèves, en quoi la méthode de confrontation de documents diffère-t-elle de la restitution « mécanique » de connaissances ?

En un point essentiel qui n'aura échappé à personne : elle permet de prétendre composer un devoir d'histoire sans avoir assimilé les données nécessaires, simplement en « régurgitant », plus ou moins fidèlement, le « *digest* » du cours, pour reprendre les termes de Claude Allègre.

« Que l'on compare le degré de difficulté qui peut séparer le fait d'avoir à reproduire "par cœur" une leçon d'histoire et celui d'avoir à analyser, traiter, synthétiser des données nouvelles sur le moment », propose M. Joshua.

Hélas, on le mesure trop bien dans les copies ! Parmi les dizaines de devoirs d'histoire que nous avons lus, aucun ne tirait de l'affiche de propagande de Vichy des observations utiles sur le caractère foncièrement antirépublicain et antisémite de la « révolution nationale », beaucoup concluaient de la note de Herbert Hagen que Vichy ne faisait qu'obéir aux occupants en matière de persécutions antisémites. Et presque tous négligeaient de définir le rôle du général de Gaulle à Londres, de 1940 à 1944.

« La logique de la compréhension », si « formatrice » selon M. Joshua, n'a qu'un défaut, que d'ailleurs il souligne lui-même en la résumant dans la formule « synthétiser des données nouvelles sur le moment (tableaux, diagrammes) ». Elle conduit à privilégier l'approximation au détriment de l'évocation rigoureuse des faits, et l'ignorance, plus ou moins diserte, sur le savoir.

L'essentiel serait-il d'inculquer à l'élève non un savoir mais un réflexe, celui de plaquer une « grille » de lecture sur quelques documents ? Peu importe qu'il ait ou pas les repères historiques indispensables pour interpréter ces documents ? C'est ainsi que dans l'épreuve d'histoire sur Vichy, le discours de Montoire peut être classé par les candidats aussi bien dans la colonne « collaboration » que dans la colonne « résistance ». Pour la compréhension, on repassera !

Dans leur jargon, c'est ce que la plupart des docteurs en didactique [1], « pédagogistes » impénitents, appellent mettre en œuvre un savoir-faire [2] ou développer une compétence [3], de préférence une compétence transversale. Car la découverte, « sur le moment », de tableaux et de diagrammes ou de tout autre document mettrait en œuvre, selon eux, les mêmes mécanismes intellectuels dans toutes les disciplines.

Nous reviendrons sur cette notion de compétence, ainsi que sur ces nouveaux apôtres des « méthodes », cuirassés de certitudes, volontiers donneurs de leçons, adeptes d'une religion pédagogiste dont le credo se résume à un slogan aussi prétentieux que destructeur : apprendre à apprendre.

Restons-en pour l'instant à l'examen de l'efficacité de ces « méthodes » que les candidats du baccalauréat tentent d'appliquer avec tant de maladresse. Examinons un deuxième exemple, celui du français, frappé de plein fouet par la même dérive « techniciste ».

Là encore, l'usage d'« outils » – tel le « champ lexical » dont nous avons vu la redoutable efficacité dans la production de contresens – est réputé seul capable d'ouvrir la voie à l'intelligence des textes.

En fait, la discipline du français a joué un rôle précurseur dans ce domaine, et son enseignement, si capital dans

1. Selon le *Petit Larousse*, la didactique est « la théorie et la méthode de l'enseignement (d'une spécialité) ».

2. « Peut-il y avoir un savoir-faire sans savoir ? » demandait-on cette année à l'épreuve de philosophie du bac technique. Le lecteur sera peut-être sensible à la coïncidence entre ce sujet et la polémique sourde qui se développe depuis quelques années dans les coulisses de l'Éducation nationale autour de ces deux notions. Il ne le sera pas moins au fait que l'auteur du texte argumentatif proposé dans la même série en français, Luc Ferry, dirige aujourd'hui le Conseil national des programmes. Faut-il parler de règlements de comptes ? Si tel était le cas, cela serait désolant.

3. La notion de « compétence », empruntée au vocabulaire et aux pratiques de l'entreprise, apparaît en 1992 dans la Charte nationale des programmes publiée par le Conseil national des programmes institué par Lionel Jospin. L'autorité de ce conseil se substitue, à la même date, à celle de l'Inspection générale pour la définition des contenus des programmes.

l'acquisition de la langue et de la culture, pose problème depuis de longues années.

Voilà beau temps que l'histoire littéraire – comme l'histoire événementielle chez nos collègues historiens – a été rangée au magasin des accessoires. Elle n'a pas survécu aux assauts menés en mai 1968 contre les manuels de morceaux choisis, du type *Lagarde et Michard*, qui étaient organisés selon le triptyque traditionnel : une époque et un courant, un homme, une œuvre. Voilà longtemps également que l'enseignement de la langue par la grammaire analytique donne des signes de faiblesse. Et ne parlons même pas de la « récitation », frappée d'ostracisme depuis trente ans, comme tous les exercices de « régurgitation ».

« Au grand dam des professeurs, écrivait déjà en 1986 le rédacteur en chef du *Monde de l'éducation*, J.-M. Croissandeau [1], [l'enseignement du français] oblige à se polariser sur les questions de méthode alors que les élèves ont peu de références littéraires, qu'il leur manque le goût des mots, le sens de la langue... D'où le succès au bac, chez les candidats, du commentaire composé et de l'explication de texte [2] qui demandent surtout, s'imaginent-ils, d'avoir travaillé des techniques ; et le recul de la dissertation qui réclame personnalité et culture littéraire. »

Cette tendance à l'inflation de « méthodes » et de « techniques », au détriment de la fréquentation des textes et de la connaissance de l'histoire littéraire, a connu un tournant décisif en 1987, avec l'introduction dans les instructions officielles de la « lecture méthodique ».

Qu'est-ce que la lecture méthodique ? Nous serions bien en peine, comme beaucoup de collègues qui s'efforcent de la pratiquer, d'en donner une définition claire. Essayons tout de même.

Disons que l'exercice est fondé à la fois sur une illusion

---

1. J.-M. Croissandeau, *Le Guide du lycée à l'usage des élèves, de leurs parents et de leurs professeurs*, Le Seuil, 1986.

2. Nous avons vu que ces deux exercices, devenus « étude d'un texte argumentatif » et « commentaire d'un texte littéraire », sont aujourd'hui choisis majoritairement par les élèves parce que les points y sont théoriquement plus faciles à gagner grâce au découpage en questions.

pédagogique et sur une confiance mal placée, à ce niveau d'études, dans les vertus opératoires d'« outils » et de « méthodes », presque tous empruntés à un savoir universitaire.

L'illusion pédagogique, comme toujours, part d'une vision idéalisée de l'élève, ou plutôt coupée de la réalité. Il incombe donc à ce dernier, qui bien souvent bute sur des mots simples, de faire « émerger » ou de « construire le sens » du texte étudié.

Afin de l'aider dans cette tâche, on lui fournit des « outils ». Et quels outils ! On frémit à leur énumération : signe, signifiant, signifié [1] ; fonctions du langage (impressive ou conative, phatique, métalinguistique, poétique), paratexte, polysémie, champ lexical, dénotation et connotation, connecteurs logiques, stratégie argumentative, implicite, etc.

La démarche est explicitée en deux longues pages, dans un *B.O.* spécial de février 1987, dont voici des extraits :

« La lecture méthodique consiste en :

1. L'observation objective, précise, nuancée des formes ou des systèmes de formes (grammaire, morphologie et syntaxe ; lexique, champ lexical, champ sémantique ; énoncé et énonciation ; images, métaphores et métonymies ; modalités d'expression, effets stylistiques ; structures apparentes et structures profondes).

2. L'analyse de l'organisation de ces formes [...] au sein du texte [...].

3. L'exploration prudente et rigoureuse de ce que ne dit pas, en clair, le texte.

4. La construction progressive d'une signification du texte à partir d'hypothèses de lecture [...].

5. La constatation, dans une synthèse, de ce qui fait l'unité complexe et profonde du texte [...]. »

---

1. Ces trois premières notions renvoient aux travaux des linguistes modernes, tels Saussure et Martinet, sur l'arbitraire du signe. On se demande ce qu'elles ont à faire dans des manuels de seconde alors que les élèves ne sont initiés à la problématique de la langue qu'en terminale, en cours de philosophie.

Il est flagrant que de telles méthodes, même si elles sont pertinentes dans d'autres contextes, sont parfaitement inadaptées au public des adolescents.

Philippe Bouvard, dans un *Bloc-notes* titré « Tant pis ! je ne dégagerai pas l'implicite sur les champs lexicaux [1] », s'en amuse à bon droit :

« Je souhaitais, écrit-il, à l'aube de mon soixante-dixième anniversaire, décrocher le baccalauréat que j'avais raté dans ma jeunesse. [...]

« Hélas ! j'avais présumé à la fois de ma matière grise et de mon époque. Je ne suis plus tenté par la tardive peau d'âne depuis que l'aîné de mes petits-fils m'a mis au courant des terrifiants sévices intellectuels que l'*Alma mater* me réserverait [...]. Et de me passer sous le nez l'étude d'un "texte argumentatif" de Paul Valéry où l'élève est sommé d'étudier "les champs lexicaux" ainsi que de répertorier les "indices d'énonciation" et les "indices d'organisation". Après quoi on m'aurait demandé de "dégager l'implicite". Découragé. Désolé. Confus. [...] Qu'ai-je à attendre d'un enseignement qui ne clarifie plus mais qui complexifie, de professeurs qui jargonnent à qui mieux mieux ? »

Pas tous, Philippe Bouvard, pas tous...

Même à un niveau où il est légitime d'exiger des étudiants une certaine complexité, au concours d'accès à l'École normale supérieure de Saint-Cloud/Fontenay, les membres du jury commencent à trouver que la coupe est pleine. Voici ce que nous a déclaré l'un d'eux :

« Vous me demandez si les copies des candidats à l'École normale supérieure témoignent d'une déperdition des connaissances attendues à ce niveau. 10 % des copies sont très remarquables, meilleures que celles que nous trouvions il y a vingt ans. 10 % sont d'un niveau inadmissible, y compris par leur orthographe.

« Donc, le niveau est bon, et le contraire serait tout de même étonnant. Néanmoins, la plupart des candidats semblent incapables de se référer à plus d'une dizaine

1. *Le Figaro magazine*, 5 juin 1999.

d'œuvres, ce qui pose problème pour de futurs professeurs de lettres. [...]

« En outre, dès le secondaire, où j'enseigne, les élèves littéraires paraissent soucieux de disposer de "boîtes à outils" qui leur permettent d'"ouvrir" les textes. Ils décrivent mais analysent peu. On retrouve cette déformation au concours d'entrée à l'ENS. Chez 80 % des candidats, on repère une tendance au technicisme. On se repaît du *Gradus* (dictionnaire des figures de rhétorique), on se soûle de rhétorique. Cela ne peut remplacer la fréquentation des œuvres et la réflexion. L'effervescence théorique des années 1970 à 1980 (Barthes, la sociologie de la littérature, le structuralisme, etc.) est entièrement retombée.

« Mais ne faisons pas la fine bouche, le concours de l'ENS, c'est encore quelque chose.

« Que dire en revanche des sujets de français au baccalauréat ? Vous avez vu ce texte de Michel Tournier et les questions posées ? À qui fera-t-on croire, comme elles le suggèrent, que ce texte est l'expression d'un banal élan panthéiste ? Les allusions sexuelles y sont tellement manifestes que l'on peut se demander ce qu'avaient en tête ceux qui ont proposé le sujet et les questions. En tout cas, voilà un bon exemple d'une approche idiote et mensongère de la littérature. »

Les derniers mots sont durs. Sont-ils excessifs ? Au lecteur de juger puisqu'il a lu le texte de Michel Tournier, les questions posées et les réponses des candidats du baccalauréat (*voir p. 44 et suivantes*).

Ajoutons, pour clore ce chapitre sur l'enseignement du français, que c'est dès la sixième – Philippe Bouvard et même notre collègue du jury de l'École normale supérieure le savent-ils ? – que les enfants, dont certains savent à peine lire, sont mis à la torture par ces notions d'« analyse textuelle » qu'ils devront ensuite rabâcher pendant toute leur scolarité secondaire en repérant jusqu'à plus soif les champs lexicaux, les indices d'énonciation (qui parle et dans quelles conditions ?), ou encore en analysant le « paratexte » (toutes les indications autres que le texte lui-même :

nom d'auteur, éditeur, date de parution, etc.), autre clef, nous dit-on, pour accéder au « sens » du texte…

Finissons-en avec ces fameuses méthodes, ces « techniques » dont sont si friands les « pédagogistes ». À quoi ont-elles abouti, sinon à ce qu'un correcteur du bac, parlant de ce que savent les élèves, appelle un « vide intersidéral » ?

L'abandon de la mémorisation, des exercices répétitifs, et en général de toutes les procédures d'inculcation (fixation des connaissances), sous l'influence des spécialistes en prétendues « sciences de l'éducation », est une des plaies de l'enseignement depuis plus de vingt ans.

On privilégie l'éveil, la découverte, l'« émergence du sens », la « logique de la compréhension », mais jamais ne vient le moment de la lente et peut-être pénible appropriation du savoir. Ce qui est vu doit être su. Dans l'instant ! Et pour toujours. Par une intervention semblable à celle du Saint-Esprit…

Leçons, exercices, conjugaisons, tables de multiplication, formules algébriques, théorèmes, récitations, compositions : l'optimisme « pédagogiste » a balayé toutes ces vieilleries sur son passage. Il a reçu le renfort de nos technologies modernes : à quoi bon, aujourd'hui, encombrer sa mémoire, perdre son temps avec les calculs quand ordinateurs et calculatrices vous épargnent ce souci ? Une pression sur un bouton, le résultat tombe, le cédérom envoie sur l'imprimante la documentation souhaitée pour l'exposé de français, que l'on colle dans sa copie sans même prendre la peine de la lire. S'est-on inquiété de savoir si cette initiation précoce à l'absence d'efforts, à la facilité ne risquait pas d'avoir des conséquences destructrices sur la formation de l'intelligence et l'aptitude à raisonner ? Non. On s'est seulement extasié sur la facilité déconcertante avec laquelle les bambins domptaient ces machines auxquelles les adultes peinaient à s'adapter.

Au panier donc, la mémoire ! Et avec elle les détours consubstantiels à l'assimilation de la moindre des connaissances : le travail, le tâtonnement, l'erreur, l'essai, la rature, la copie, la lenteur, l'ennui, la répétition, l'« exercitation » comme disait Rabelais, tous ces gestes si formateurs en eux-mêmes. Les établissements qui ont maintenu ces exigences, en les multipliant même parfois, revendiquent de fait une politique élitiste. Ils appartiennent le plus souvent au secteur privé.

On s'étonne que tant d'enfants ne sachent pas lire. Demandons-nous combien de temps a été consacré à leur apprentissage de la lecture [1]. On s'indigne qu'ils écrivent comme des « cochons ». Leur a-t-on appris à « traire les lettres », comme disait encore Rabelais ? On déplore qu'ils ouvrent peu de livres. Combien de fois les a-t-on fait lire à haute voix, combien de fois leur a-t-on lu des histoires ? On se plaint qu'ils ne sachent pas grand-chose en histoire et en géographie. Combien de leçons et de révisions leur a-t-on imposées au cours de leur scolarité ?

Faut-il incriminer les enseignants ? Ce serait le comble. Plutôt les instructions incohérentes auxquelles ils ont été soumis, les lubies à répétition auxquelles ils ont dû de bon ou de mauvais gré se plier. Rappelons-nous par exemple que c'est officiellement et par ordre supérieur qu'à l'école primaire leçons et devoirs à la maison ont été un temps supprimés. Autre exemple, plus récent : ces inspecteurs d'anglais qui, nous rapporte-t-on, déconseilleraient fermement aux professeurs de donner à apprendre des listes de mots pour la leçon suivante, sous prétexte que les mots n'auraient de sens qu'employés dans une phrase.

« Savoir, fût-ce par cœur, c'était déjà quelque chose », nous a dit un instituteur à la retraite auquel nous nous ouvrions de notre inquiétude devant la dégradation des études. Ce type de réflexion peut-il aujourd'hui encore être entendu ?

Quelques exceptions significatives cependant dans cette offensive généralisée contre la mémoire et les procédures

1. Dans un rapport sur l'école primaire rédigé à la demande de Ségolène Royal et rendu public en septembre 1998, Jean Ferrier, ancien directeur des écoles, soulignait que « la qualité des apprentissages et les progrès des élèves sont en relation directe avec le temps passé à ces apprentissages ».

d'apprentissage : le joueur de football ou de tennis, le concertiste virtuose et même… le candidat au permis de conduire !

À ceux-là, il semble naturel de ne rien épargner : ni les longues et fastidieuses séances d'entraînement, ni les gammes des milliers de fois répétées, ni l'apprentissage « par cœur » du code de la route et sa « régurgitation » le jour de l'examen.

Que l'on nous explique donc pourquoi il devrait en aller autrement pour les conjugaisons, le calcul, la chronologie de l'histoire de France et toutes les connaissances de base !

Nous connaissons la réponse : à l'école, on s'épanouit, on s'intéresse au monde, on apprivoise magiquement le sens des choses. Et on se hâte de tout oublier…

N'est-ce pas ce que préconisent, de manière un peu surprenante, les inspecteurs généraux de l'Éducation nationale dans leur dernier rapport ? « Avant les années 1970, écrivent-ils, il n'est question dans la totalité des programmes (qui étaient à l'époque sous leur responsabilité ! *N.d.A.*) que […] de compositions trimestrielles, interrogations écrites et orales, privilégiant la mémoire […], ne visant donc qu'à sanctionner des acquis et dans de nombreuses disciplines à n'apprécier que des connaissances mémorisées [1]. »

Plutôt que de noter les acquis, nous expliquent-ils en vingt pages, ne convient-il pas d'« évaluer » de manière « formative » des « compétences » ?

Mais des « compétences » pour faire quoi, correspondant à la mise en œuvre de quel savoir ? On aimerait qu'ils nous le disent. Ils semblent en être aussi incapables que les « pédagogistes » dont ils adoptent, faute de mieux, la nouvelle marotte, croyant sans doute plaire ainsi aux autorités de tutelle qui les bousculent.

Serions-nous les derniers naïfs à penser que l'école doit permettre de fixer des connaissances ? Existe-t-il une meilleure méthode pour les fixer que de les mémoriser, et pour

1. Rapport de l'Inspection générale de l'Éducation nationale, 1998, la Documentation française.

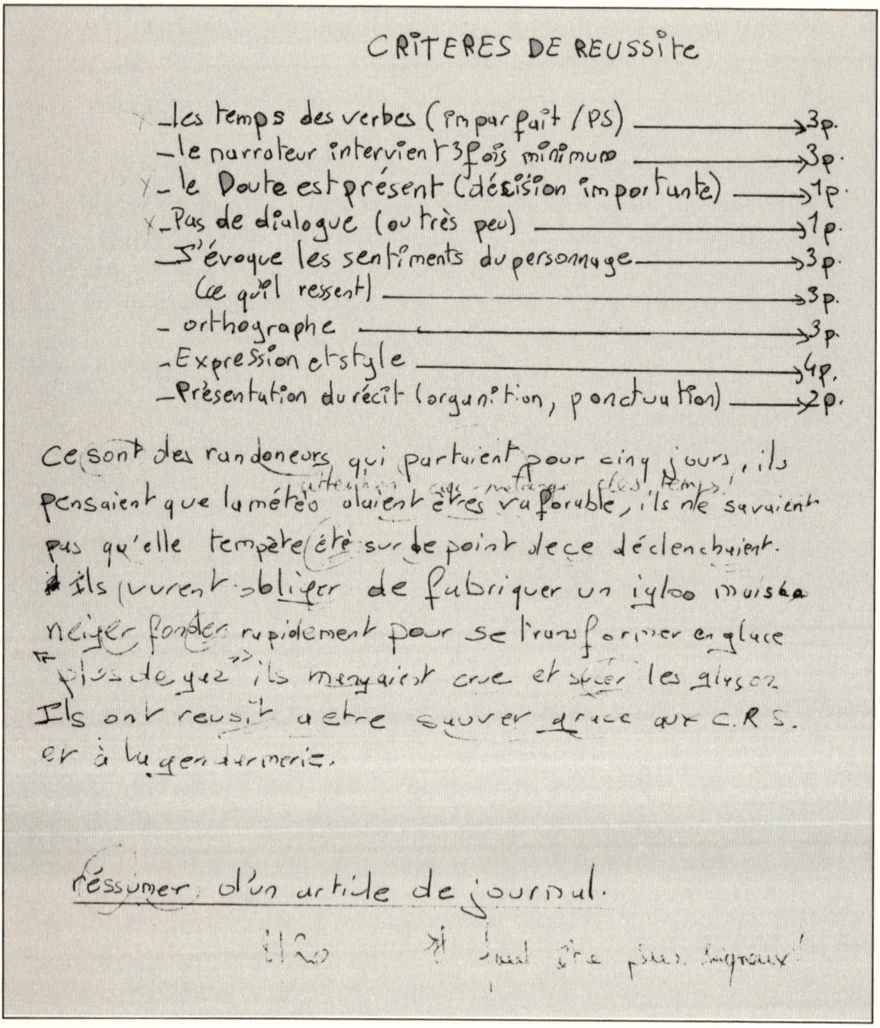

Parions que l'élève ne s'efforcera guère
de faire mieux la prochaine fois…

évaluer le degré d'acquisition, de le sanctionner par une note ? Certes, quand les capacités sont réduites, la note risque de le souligner. Positivons donc la notation en évaluant des « compétences » ou des « savoir-faire » répertoriés sur une « grille critériée [1] » ! L'exemple ci-contre permet de mesurer les avantages de ce nouveau système.

L'élève fait-il la preuve qu'il ne sait pas conjuguer le passé simple ? Qu'importe puisque sa capacité à « employer » ce temps, bien ou mal conjugué, lui donne des points. Sa copie est-elle bourrée de fautes ? Quelle importance puisque cela ne lui fait perdre que trois points. Résultat de l'opération : 8 sur 20 pour un devoir bâclé. Parions que l'élève ne s'efforcera guère de faire mieux la prochaine fois.

La morale de tout ce qui précède est simple : « La culture, c'est ce qui reste quand on a tout oublié », disait hier Valéry ; aujourd'hui, il est à craindre qu'elle ne soit plus que ce qui reste quand on n'a rien appris.

---

1. De telles grilles sont utilisées à bon escient dans les disciplines sportives et techniques où les gestes complexes peuvent être décomposés en séquences.

Les occasions manquées

Ne plus rien faire apprendre… Triste plaisanterie !

Passe encore, en effet, pour les jeunes gens qui reçoivent la culture en héritage familial. Mais qu'en est-il pour tous ceux à qui leurs parents n'ont jamais parlé de Racine, pour qui le « multimédia » ne sera jamais autre chose qu'une énième chaîne de télévision, et leurs calculatrices le « sésame ouvre-toi » d'un mystère des chiffres auquel ils ne comprendront jamais rien ? Et que devient la réduction des inégalités culturelles ?

Serait-on résigné à ce que « l'école pour tous » ait ses laissés-pour-compte, comme la société de consommation a ses SDF et ses habitués du « resto du cœur » ?

« Pour multiplier par près de trois le pourcentage de bacheliers dans une classe d'âge – objectif officiel actuel –, écrivait J.-M. Croissandeau en 1986, il faudra bien puiser dans le creuset des exclus de l'école [1]. »

En 1999, peut-on dire que l'école a réussi ce challenge ? Dans un sens, oui, puisqu'elle garde aujourd'hui en son sein ceux qu'elle continue à exclure de la connaissance [2].

Philippe Bouvard – il nous pardonnera de le citer encore une fois – fait-il preuve de mauvais esprit lorsqu'il écrit que le « bon vieux certificat d'études [est] nimbé d'un certain

1. J.-M. Croissandeau, *op. cit.*

2. Toutefois, près de soixante mille jeunes sortent encore du système scolaire sans formation.

lustre depuis que l'on s'est avisé que ceux qui l'obtenaient jadis savaient parfaitement lire et écrire dix ans avant l'âge auquel aujourd'hui on prend encore Le Pirée pour un homme et Lamartine pour une danseuse » ? Ou bien dit-il tout haut ce que tout le monde pense tout bas : l'école n'enseigne plus ou enseigne mal !

Comment en est-on arrivé à ce résultat désolant ? D'aucuns mettent en cause la démocratisation, se gaussent du slogan des 80 %, se réjouissent d'un échec qu'ils avaient annoncé, cherchent à affoler le contribuable en rappelant l'énormité – pourtant toute relative si l'on compare avec d'autres pays développés – de la dépense consacrée à un système éducatif si peu efficace. Ils ont tort sur toute la ligne. Mais hélas le solde de l'opération semble leur donner raison.

Un siècle après l'instauration de l'instruction primaire obligatoire, notre nation moderne pouvait passer à l'étape supérieure : la généralisation de l'enseignement supérieur.

Qui en a jamais douté ? Certainement pas Christian Fouchet, quand il crée, en 1963, le « collège pour tous », ni René Haby, en 1975, quand il transforme celui-ci en « collège unique ». Pas davantage Lionel Jospin quand il fait voter la loi d'orientation de 1989, ni aujourd'hui Claude Allègre et Ségolène Royal qui s'efforcent de la faire appliquer.

La question est de comprendre comment la volonté de démocratisation de l'école a pu dévier autant de son but.

Un des éléments de la réponse n'est-il pas le délabrement déjà ancien des procédures de transmission du savoir ?

En 1986, dans un épilogue intitulé « bilan de l'enseignement du lycée », J.-M. Croissandeau[1] s'inquiétait de la manière dont le baccalauréat pesait sur la qualité de l'enseignement : « Le souci du contenu finit par ne plus l'emporter, celui de l'assimilation par être perdu de vue, la capacité à réutiliser les connaissances par être oubliée. Seules comptent la réussite à l'examen, de bonne notes “en

1. J.-M. Croissandeau, *op. cit.*

dissert" ou aux "exos", un livret scolaire "pas trop minable", des "options payantes". »

Il ne se trompait pas sur le constat, mais il a confondu cause et conséquence : ceux qui ont enseigné à partir des années 1970 savent que ce n'est pas le baccalauréat qui a pesé sur l'enseignement, mais bien le recul des méthodes traditionnelles d'inculcation du savoir devant l'innovation « pédagogiste » qui a conduit au bachotage. D'ailleurs, à mesure que l'on apprend de moins en moins, la tendance au bachotage ne diminue pas. Elle est même en pleine inflation : à ceci près que, le volume des connaissances ayant diminué comme une peau de chagrin, les candidats n'ont plus grand-chose à régurgiter à part les deux ou trois recettes fournies par la « nouvelle pédagogie ».

Autre élément de réponse, le retard pris dans la rénovation des programmes.

« Victime conjuguée des coefficients à l'examen – quand elle y figure [1] – et de la démesure des programmes, écrivait J.-M. Croissandeau [2] en 1986, l'histoire ne sert plus à aider les lycéens à structurer leur pensée ni à acquérir le sens des continuités, ainsi que l'esprit critique qui doivent aider à comprendre le présent. En géographie, les bacheliers peuvent, à coup de mémoire, traiter des villes en URSS, tout en étant incapables de les situer sur une carte et donc de les comprendre. »

Quant à l'enseignement des sciences, Maurice Godelier, directeur du département des sciences de l'homme et de la société au CNRS, le qualifiait dans un rapport de 1985 d'« enseignement livresque, déconnecté de sa base expérimentale ».

Les correcteurs du baccalauréat, les collègues dont nous avons réuni les témoignages dans la dernière partie de ce livre, le ministre lui-même disent-ils autre chose ?

Plus inquiétants sont le maintien au cœur de l'enseignement de la coupure hiérarchisée entre « l'intellectuel » et « le manuel », et l'absence de réflexion sur ce qu'il aurait

1. En 1986, l'histoire ne figurait pas parmi les épreuves du bac G.
2. *Op. cit.*

convenu de faire pour introduire ou réintroduire dans la formation générale un enseignement technologique de qualité – ce qui permettrait notamment une orientation positive des élèves vers la voie professionnelle.

Là encore, le diagnostic avait été fait en temps et en heure. En 1985, le Collège de France remettait au président de la République un rapport intitulé *Proposition pour l'enseignement de l'avenir* qui pointait du doigt les conséquences de cette hiérarchisation et proposait de la combattre.

« Il en résulte deux perversions : la tendance au formalisme qui décourage certains esprits ; la dévalorisation des savoirs concrets, des manipulations pratiques, et de l'intelligence pratique qui leur est associée », y lisait-on.

Qu'a-t-on fait depuis ? La planche à dessin ne fait toujours pas partie des fournitures scolaires, le dessin industriel pour tous n'a pas fait son apparition ; au collège, les travaux manuels ont cédé la place à une technologie de papier (*voir le fac-similé p. 212*). Quels que soient les efforts d'Aimé Jacquet, appelé à la recousse pour redorer le blason de l'enseignement professionnel, celui-ci est toujours vécu, même dans les lycées, comme une voie de garage, tandis que s'engorgent les sections des « sciences » du tertiaire.

Pourtant, devant le tour et la pièce à usiner, les élèves les plus rétifs aux apprentissages abstraits se révèlent tout aussi capables que d'autres de conceptualiser et de verbaliser, pour peu que la conceptualisation s'inscrive dans un acte. Qui peut s'aveugler au point de ne pas voir que l'apprentissage de la verbalisation passe par le geste autant que par le cerveau ? Il suffit d'avoir eu à apprendre à lire ou à calculer à l'un de ceux que l'école considère souvent trop vite comme inaptes à l'intellection, pour prendre conscience de l'énorme gâchis produit par la valorisation et l'exploitation de la seule intelligence abstraite.

À l'inverse, pourquoi priver ceux qui réussissent scolairement de toute culture technique ?

Faute d'avoir réfléchi à la question primordiale posée par le Collège de France en 1985, on n'a pu éviter que la démocratisation de l'enseignement ne devienne, par un glissement de sens inquiétant, une « massification » (« Adaptation d'un phénomène à la masse, au grand nombre par suppression des caractères différenciés qu'il présentait », nous dit le *Petit Larousse*). Et l'hétérogénéité un problème insoluble.

Sur les bancs de l'école viennent s'asseoir des enfants de tous les milieux sociaux et aux aptitudes très diverses. Les enseignants le savent. Ils n'en font pas pour autant un débat de société ou un sujet de colloque. Tout se passe comme si la perspective d'avoir à scolariser l'ensemble d'une classe d'âge jusqu'au baccalauréat avait provoqué depuis dix ans une consternation grandissante devant l'ampleur de la tâche et les difficultés, pourtant prévisibles et maintes fois signalées, de la démocratisation de l'accès au savoir.

Soyons justes, au terme de ces dix années d'errance, au cours desquelles « l'élève au centre » aura été mis de plus en plus à l'écart des savoirs, l'école aura au moins réussi une chose : assembler à son chevet une kyrielle de spécialistes dont les bavardages ne sont pas sans rappeler ceux des médecins de Molière ne cessant de se quereller au chevet du malade.

Les discours confiants dans les vertus de la « science » de l'éducation se mêlent, en une étrange cacophonie, à ceux, dubitatifs et désolés, sur le consumérisme à l'assaut de l'école, la destruction du lien social, le malentendu avec les parents, l'anomie des banlieues, etc. Les uns comme les autres ne sont guère de nature à rassurer, et surtout pas ceux qui, sur le terrain, assument jour après jour les inconséquences des « décideurs ». Le proviseur d'une grande cité scolaire, regroupant un lycée général, un lycée technique et un lycée professionnel (2 500 élèves au total) nous a confié les réflexions que lui inspirent ces débats et la situation actuelle dans les lycées.

« Il y a incontestablement un problème, nous a-t-il dit, une certaine diminution des connaissances due au manque de travail des élèves. Un consensus mou semble s'être établi entre la demande sociale du droit à l'éducation et des politiques qui veulent faire plaisir. J'ai l'habitude de dire que notre système d'éducation compte deux sortes d'acteurs. Des acteurs permanents : ce sont tous les personnels des établissements. Des acteurs passagers : ce sont les politiques, préoccupés avant tout de dire aux électeurs ce qu'ils ont envie d'entendre, ainsi que leurs têtes pensantes, ces experts que je qualifierais volontiers de rémoras, ou de poissons pilotes, si vous voulez.

« Le droit au passage automatique en classe supérieure entraîne *ipso facto* une baisse du niveau d'exigences, il encourage les élèves à ne pas faire leur part du contrat qu'ils ont passé en venant à l'école.

« Bien sûr, les professeurs butent sur cette désaffection pour le travail, ce qui ne signifie pas qu'ils doivent, quelles que soient les difficultés, se laisser aller à sévir de manière injuste. La relation d'autorité passe par un respect scrupuleux du sentiment de justice. Une sanction, pour être utile, doit être motivée.

« Mais les élèves ont-ils le sentiment d'avoir passé un contrat ? Ils perçoivent de plus en plus l'école comme une contrainte. Une obligation. Combien de fois ai-je dû dissiper le contresens, courant aujourd'hui, sur l'obligation scolaire ? L'école est obligatoire certes, mais comprenons bien : l'école est devenue "obligatoire" au XIXe siècle afin que les enfants échappent aux travaux des champs, des mines et des usines. L'obligation s'adressait aux adultes, pas aux enfants. On a oublié cela.

« Que faire aujourd'hui ? Nous serons impuissants tant que les choix d'orientation seront déterminés par des "vœux" et non par les résultats. Si l'on veut remettre les élèves au travail, il faut que seuls les résultats comptent. »

Un haut fonctionnaire, ancien recteur de l'académie de Lille, fait entendre un son de cloche bien différent. Il vient de remettre un des innombrables rapports[1] dont les politiques ne semblent plus pouvoir se passer. Après avoir brocardé les « râleurs », il nous rassure sur l'état de l'École

1. Rapport au ministre de l'Éducation nationale et à la ministre déléguée sur la « Rénovation du service public de l'Éducation nationale : responsabilité et démocratie », Claude Pair, février 1998.

d'une formule qui fera date : « Et pourtant elle tourne et, même, elle progresse. »

Puis, sur l'air de « Tout va bien, madame la Marquise », il affirme : « Des progrès considérables ont été accomplis dans les dernières décennies en termes de niveau d'instruction et de formation de la population scolaire, en termes de pourcentages atteignant les divers niveaux sans qu'apparaisse une dégradation des connaissances à chaque niveau. »

Bien que les copies du baccalauréat et notre expérience personnelle semblent montrer le contraire, acceptons ce verdict d'un spécialiste le temps d'examiner comment, selon son impérissable formule, l'école « tourne ».

Les marchands de rêves

L'orientation a toujours joué un rôle capital dans la conduite des parcours scolaires. L'ONISEP, à travers ses brochures et les centres d'information et d'orientation (CIO), contribue depuis longtemps à diffuser auprès des élèves des renseignements utiles sur les filières, leurs débouchés, les métiers et les formations qui y préparent. Que l'on cherche à épargner aux élèves, autant que faire se peut, des déceptions en ne les envoyant pas dans une voie contraire à leurs attentes, qui les mènerait droit à l'échec ou dans une impasse, quoi de plus normal ?

Comment s'effectuait l'orientation avant l'application des dispositions de la loi de 1989 qui marquent un véritable tournant par rapport aux pratiques antérieures ? Selon les résultats.

Aux principaux « paliers », en cinquième, puis en troisième des collèges, l'alternative était simple. Si l'élève se trouvait en difficulté, il sortait du système scolaire après une formation professionnelle courte, et ses problèmes devaient ensuite se régler en dehors de l'école. S'il était jugé apte à suivre dans le cycle supérieur, il entrait au lycée le jour venu.

Dans ce deuxième cas de figure, il suivait une filière correspondant à ses goûts et à ses meilleurs résultats. La plupart du temps, le « bon » en sciences entrait dans la voie scientifique, le « bon » en français ou en langues dans la voie littéraire. Aux élèves dont les résultats étaient

Les Nouveaux Baccalauréats session de 1995	**Remplaceront les anciens**
■ Bac Littéraire........ L	❒ Bac A1, A2, A3
■ Bac Scientifique........ S	❒ Bac C, D, D', E
■ Bac Economique et Social ES	❒ Bac B
■ Bac techno Sciences et Technologies Industrielles STI (5 spécialités)	
→ Génie mécanique (6 options)	
A - Productique Mécanique	❒ BTn F1
B - Systèmes motorisés	❒ BT Automobile
C - Structures métalliques	❒ BT Chaudronnerie, Tuyauterie ind.
D - Bois, matériaux associés	❒ BT Ameublement
	❒ BT Construct. et aménag. d'ensembles
E - Matériaux souples	❒ BT Industrie de l'habillement
	Matériaux souples
	❒ BT Fabrications textiles
F - Microtechniques	❒ BTn F10
→ Génie électronique	❒ BTn F2
→ Génie électrotechnique	❒ BTn F3
→ Génie civil	❒ BTn F4
→ Génie énergétique	❒ BTn F9
■ Bac techno Sciences Médico Sociales SMS	❒ BTn F8
■ Bac techno Hôtellerie	❒ BT Hôtellerie
■ Bac techno Sciences et Techniques de Laboratoire STL (3 spécialités)	
→ Chimie des laboratoires et génie des procédés	❒ BTn F6
→ Physique des laboratoires et génie des procédés	❒ BTn F5
→ Biologie, biochimie des laboratoires et génie des procédés	❒ BTn F7, F7'
■ Bac Techno Sciences et Technologies Tertiaires STT (4 options)	
→ Action et Communication Commerciale	❒ BTn G3
→ Action et Communication Administrative	❒ BTn G1
→ Comptabilité Gestion	❒ BTn G2
→ Gestion et Informatique	❒ BTn H
■ Bac techno Musique et danse	❒ BTn F11
■ Bac techno Arts appliqués	❒ BTn F12

Presque tous les lycéens devenaient des « scientifiques » !

« limite », étaient proposées les sections industrielles pour les garçons, tertiaires pour les filles, sections longtemps désignées et vécues comme des « voies de garage ».

Ces procédures d'orientation ont toujours fait l'objet de multiples critiques dont la principale était qu'elles ajoutaient à la sélection par le « niveau social » une sélection par le « niveau scolaire ».

Au début de cette décennie, elles ont donc été repensées afin de faire disparaître les aspects trop voyants de la sélection et de guider les parcours scolaires de manière indolore, si possible…

Un toilettage du baccalauréat, dont le principe fut décidé en 1992, devait y aider. Il consistait en gros à rebaptiser les anciennes filières (A1, A2, A3, G1, G2, G3, F1, F2, F3… F8) et à réduire – en apparence – leur nombre de façon qu'elles paraissent avoir une égale « dignité ». Finies les filières « poubelles », de G notamment : chacun aurait dorénavant le choix entre une « science » et… une « science » : science du tertiaire, science des techniques industrielles, science économique et sociale, science de laboratoire, etc.

Par la magie des mots, presque tous les lycéens devenaient « scientifiques », à l'exception des littéraires qui attendent encore d'être diplômés ès sciences des lettres ou des langues vivantes.

Ce « nouveau baccalauréat », auquel se présentent les candidats dès juin 1995, a donc reçu un emballage plus séduisant. Mais rien n'a changé au fond si ce n'est que la multiplicité des options y a remplacé la multiplicité des filières : les sections tertiaires, ex-G1-G2-G3, par exemple, débouchent tout autant et même plus qu'avant dans le vide, compte tenu de la situation du marché du travail. Récemment, le recteur de l'académie de Versailles, Christian Forestier, a dénoncé dans un rapport « la balkanisation » des diplômes délivrés dans les séries technologiques : six baccalauréats différents, divisés chacun en une vingtaine de spécialités comptant elles-mêmes diverses options. « Une telle balkanisation peut trouver une justification s'il s'agit de formations professionnelles », pas s'il s'agit « de

oui

formations ayant vocation à préparer à des études supérieures, courtes ou longues », note sans complaisance le rapporteur.

Quoi qu'il en soit, il a bien fallu depuis quatre ans répartir, selon l'offre proposée par les établissements, les élèves entre toutes ces spécialités. À eux de trouver leur bonheur dans ce maquis, aidés en cela par un nouvel « outil » d'orientation mis à leur disposition.

Au cœur des nouveaux dispositifs d'orientation (définis par la loi d'orientation sur l'éducation de juillet 1989, reprise par la loi quinquennale du 20 décembre 1993 relative au travail, à l'emploi et à la formation professionnelle), se trouve une pièce maîtresse qui doit bouleverser la donne : pour ne plus être « subie » mais « choisie », l'orientation s'appuiera désormais sur l'élaboration du « projet personnel de l'élève, auteur et acteur de sa formation ».

Entendons bien : l'élève est invité à concevoir dès le collège puis en seconde de lycée un « projet », censé le conduire vers un métier, le motiver dans sa scolarité et le guider dans ses choix.

Bravo ! serait-on tenté de s'écrier : faire participer le jeune à son orientation, l'encourager à mieux connaître ses goûts et à reconnaître ses capacités, à s'informer sur les débouchés, voilà une démarche constructive. Mais, car il y a un mais, une telle démarche, initiée si tôt, est-elle vraiment positive pour tous les élèves ?

Denis Huisman, en bon connaisseur du système et vieux routier de l'édition scolaire et parascolaire, s'étonne dans *Le Guide de la réussite scolaire* [1] : « Bizarrement, écrit-il, l'école demande aux élèves les plus démunis en termes de ressources scolaires de construire rapidement un projet personnel quand les élèves qui suivent les filières les plus prestigieuses ont au contraire le temps de choisir. »

Comme enseignants, nous avons la preuve tous les jours des effets pervers de ces « projets ». D'une manière

1. Denis Huisman, *Guide de la réussite scolaire à l'usage des parents*, Le Cherche-Midi éditeur, avril 1999.

générale, l'adolescent risque de s'enfermer dans des choix opérés à un âge où les difficultés effraient – il se donne alors des ambitions minimales –, ou bien sont mal évaluées – il se fixe alors des objectifs démesurés. Socialement encadrés, possédant des bases solides et conscients de leurs possibilités, seuls les enfants favorisés sont capables d'élaborer un projet mobilisateur. Il se trouve, comme le remarque très justement Denis Huisman, que ce ne sont pas ceux-là que l'on presse. L'élève qui réussit a tout le temps d'affiner ses choix. Pour les autres, la grande majorité, l'absence de motivations réelles et le découragement face à ce qui apparaît vite comme un échec programmé étant donné leurs résultats scolaires, pourraient bien les mener, eux que l'on a mis au « centre [1] » de l'école, à la révolte contre l'école.

Quel a été, et quel est toujours, le mode d'emploi des dispositifs d'accompagnement du « projet » ? En tant que professeur principal d'une classe de seconde, en 1994, 1995 et 1996, l'un de nous était bien placé pour observer la manière dont se sont mises en place les nouvelles procédures d'orientation et la dynamique du « projet ».

De multiples stages de « sensibilisation » à l'orientation ont été proposés aux enseignants et plus particulièrement aux professeurs principaux pour qu'ils prennent à l'intérieur des établissement le relais des conseillers des CIO (Centres d'information et d'orientation).

Suivant cette répartition des rôles, le conseiller d'orientation assure une permanence hebdomadaire dans l'établissement et reçoit sur rendez-vous les élèves qui souhaitent faire le point. Le professeur principal, lui, accompagne tout au long de l'année chaque élève de la classe dont il a la charge dans la construction de son projet. Pour l'aider dans

1. La loi d'orientation sur l'éducation de 1989 pose un principe souvent rappelé aux enseignants : désormais il faut mettre « l'élève au centre du système éducatif ». Inutile d'ironiser sur le procédé rhétorique qui laisse supposer qu'auparavant l'élève occupait un *no man's land* à la périphérie de l'école.

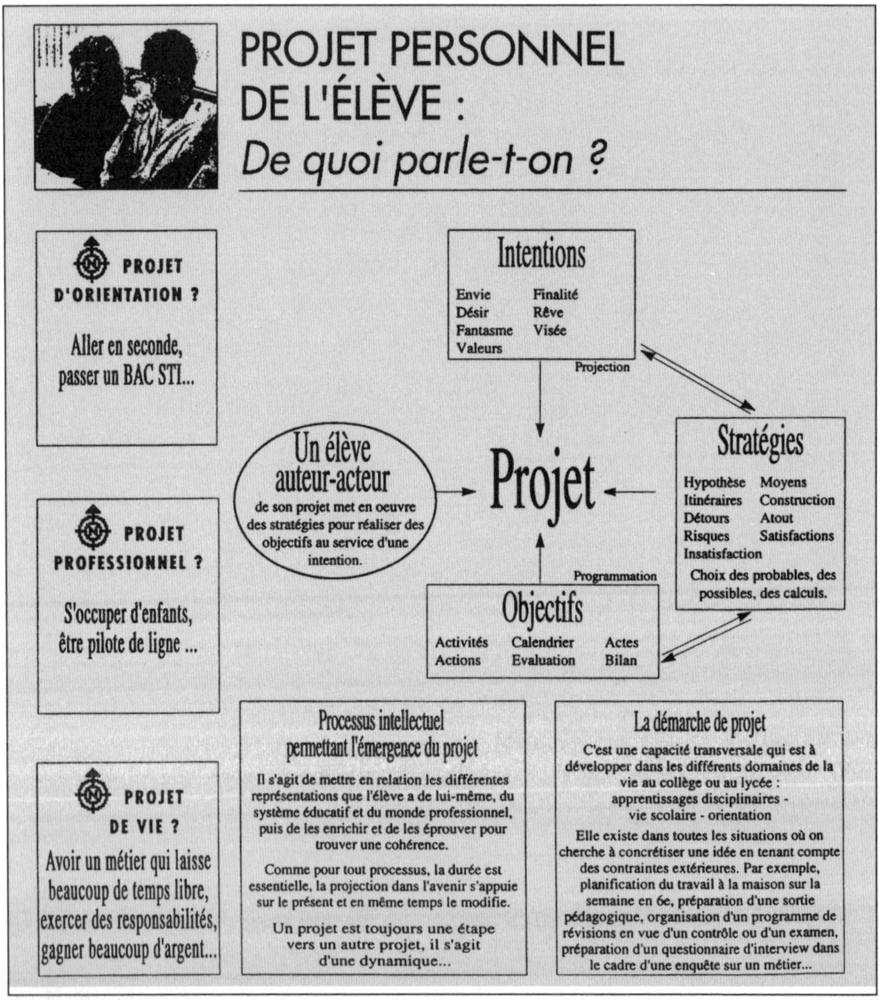

La dynamique du projet

cette nouvelle tâche, il reçoit un miniguide dont le contenu est emprunté en partie aux documents des CIO et du SAIO (Service académique d'information et d'orientation). Il a aussi à sa disposition des ressources documentaires et des logiciels qu'il utilise avec ses élèves. C'est à ces dossiers et à ces documents qui nous sont passés entre les mains que nous faisons référence dans la suite de ce chapitre.

La pièce reproduite ci-contre est chargée d'illustrer et de faire comprendre « la démarche de projet » ; elle figure dans le guide du professeur principal que nous avons reçu.

« Projet personnel de l'élève : de quoi parle-t-on ? » demande le document. Essayons de comprendre en choisissant pour sourire l'exemple d'un garçon qui a décidé de s'accorder une année sabbatique (nous avons rencontré ce cas à maintes reprises dans nos classes).

À la rubrique « Intentions », il choisira comme « finalité » le redoublement. Le plus dur reste à faire, à savoir définir les « stratégies » pour parvenir à ce but. À la rubrique « Objectifs », il devra rayer les mentions « activités », « actions », « actes ». Mais il devra porter une attention particulière au « calendrier ». Inutile, en effet, de se faire passer pour un trublion dès le premier trimestre. Il est préférable de montrer quelques capacités tout en signalant rapidement ses limites. Au deuxième trimestre, l'élève devra manifester clairement, à l'occasion des « évaluations » et « bilans », que ces limites sont atteintes. Au dernier trimestre, il sera bon qu'il affiche sa bonne volonté. Attention tout de même à ne pas en faire trop : un passage dans la classe supérieure n'est pas encore exclu ! À la rubrique « Stratégies », il pourra échafauder des « hypothèses » – passera ? passera pas ? – évaluer les « risques » – admonestations et remontrances répétées sont à craindre – et mesurer son degré « d'insatisfaction » – une bonne dose d'ennui à la clef.

Comme on le voit dans cet exemple, il n'est plus aussi facile d'être un cancre ; sommeiller auprès du radiateur demande que l'on réfléchisse activement à son avenir, fût-il immédiat.

Poursuivons avec les outils destinés à « mettre en tension les représentations de soi, des professions, des études ».

Rien de tel que de laisser l'élève accoucher de son projet et définir seul son profil. Il existe à cet usage des logiciels à visage humain dans les centres de documentation des établissements (CDI). Chacun est expressément invité à s'en servir, éventuellement accompagné du professeur principal. L'adolescent y découvrira sa personnalité, les valeurs auxquelles il est attaché, enfin les secteurs d'activités qui lui correspondent. Le meilleur des mondes !

PARADE (Programme d'aide à la recherche autodocumentaire, trois modules pour mieux se connaître) est un logiciel accessible dans de nombreux CDI.

Une page d'accueil rappelle ce que signifie « construire son projet » :

– Se connaître soi-même : faire le point sur ses intérêts, sa personnalité, ses valeurs, etc.
– S'informer sur les métiers : connaître ce que l'on y fait, apprécier les conditions d'exercice, les lieux de travail, etc.
– S'informer sur les études : les itinéraires à suivre, leurs difficultés, leurs durées, les examens ou concours à passer.
– Décider : choisir une solution en tenant compte de ses propres attentes, de ses propres critères mais aussi des exigences du monde professionnel.
– Agir : entreprendre les actions nécessaires pour arriver à son but, savoir dans quel ordre faire les démarches...

L'élève est ensuite invité à explorer sa « personnalité professionnelle ». Il devra se situer dans une des catégories suivantes :

- Intellectuel, lettres
- Intellectuel, sciences
- Artiste
- Social, aide
- Concret, technique
- Commerce
- Commandement
- Administration
- Gestion
- Social, soin

Apprécions le commentaire qui suit cette liste : « Bien sûr chacun d'entre nous est un mélange de ces différents types et possède chacun d'eux en plus ou moins grande proportion. Certains sont cependant plus concrets, plus artistes, plus entreprenants, etc. »

Le logiciel propose ensuite à l'élève d'affiner les traits de son portrait-robot. Il doit choisir dans la liste qui suit les adjectifs qui conviennent le mieux à sa personnalité.

Imaginatif – Inventif – Artiste – Émotif
Vous avez choisi (x) mots
Sympathique – Compréhensif – Serviable – Dévoué
Vous avez choisi (x) mots
Soigneux – Organisé – Méthodique – Ordonné
Vous avez choisi (x) mots
Réfléchi – Logique – Intellectuel – Vif
Vous avez choisi (x) mots
Persuasif – Énergique – Ambitieux – Optimiste
Vous avez choisi (x) mots
Bricoleur – Ingénieux – Adroit – Concret
Vous avez choisi (x) mots

Pour finir, un certain nombre de « valeurs » sont proposées : indépendance, création, satisfaction intellectuelle, prestige, altruisme, argent, autorité, sécurité.

Lorsque l'élève a fait son choix, on lui communique pour information que les critères « argent » et « sécurité » ont été sélectionnés en priorité par ceux qui, avant lui, sont passés par cet étrange jeu de pistes, mais qu'il ne s'agit « en aucun cas d'une référence ou d'une norme à laquelle il faudrait se conformer ».

Muni de ses « résultats », il ne lui reste plus qu'à s'adresser au conseiller d'orientation-psychologue qui saura l'orienter, on l'espère, vers la bonne filière.

Si le diagnostic qui précède se révèle insuffisant, le conseiller pourra inviter l'adolescent à se reconnaître parmi une série de portraits élaborés suivant la typologie de Holland[1]. Ce nouveau jeu s'intitule : « Qui êtes-vous ? »

Raissa et Romuald

Ce sont des personnes qui ont le souci du concret, qui se méfient du « baratin » et des « grandes idées ». Elles n'aiment pas trop les situations sociales où elles sont le centre d'attention (n'aiment pas « se faire remarquer ») et celles où il faut prendre le commandement. Elles ont le goût de la réalisation, et prennent plaisir à manipuler les objets, utiliser les outils, les machines, les véhicules. Souvent résistantes, voire robustes, physiquement, ce sont des personnes qui se sentent à l'aise dans les activités où l'on « fait », où l'on « s'exprime physiquement », et qui se révèlent souvent stables émotionnellement.

Isabelle et Ivan

Ce sont des personnes que la perspective d'affronter un problème abstrait « stimule intellectuellement ». Elles sont curieuses du « pourquoi » des choses, et ont du goût pour l'observation et l'étude de certains des phénomènes physiques, biologiques, culturels qui caractérisent notre environnement.

Elles préfèrent souvent travailler en « solitaire » et préfèrent les approches théoriques aux plans de réalisation. Leur originalité et leur indépendance sont préservées par leur peu de sensibilité aux modes et aux influences d'autres personnes (elles ont souvent le sentiment de n'être pas particulièrement sociables).

1. Typologie de Holland : définition des « sociaux-types ».

> Alexandre et Audrey
>
> Ce sont des personnes qui privilégient l'intuition plutôt que la recherche rationnelle pour faire face à des situations problèmes, et qui éprouvent une attirance pour les activités où la créativité peut s'exprimer sous une forme personnelle (musique, spectacle...).
>
> Elles se caractérisent par l'originalité, leur goût du non-conformisme ; elles n'aiment pas se sentir enfermées dans des cadres trop structurés et ont de l'aversion pour des activités trop systématiques, répétitives ou contraignantes.
>
> Leurs contacts avec autrui peuvent être rendus difficiles par leur singularité et une sensibilité souvent très affirmée.

Abrégeons. Suivent les portraits de Sonia et Simon, personnes qui manifestent un « goût du contact » par leur chaleur humaine, leur compréhension, leur intérêt aux autres. Cette priorité au « facteur humain » s'accompagne souvent d'un manque de goût pour les activités de type administratif (les « paperasses ») ou techniques. Ceux d'Élodie et Erwan, personnes qui privilégient le « contact » non dans un souci de service aux autres, mais par un besoin d'affirmation de soi qui les incitera à « prendre les choses en main ». Et ceux de Céline et Cédric, personnes d'ordre, méthodiques, et pouvant apparaître d'un « abord facile » en raison de leur simplicité dans les rapports humains.

N'a-t-on pas l'impression de lire les horoscopes des magazines ? De tels clichés ont été en vogue au cours des années 1980. On les trouvait – sinistre présage pour les élèves s'ils le savaient – dans les guides proposés aux chômeurs en quête de reconversion : *Emploi : rebondir* ou *Carrières, mode d'emploi.*

Est-il sérieux de les proposer aux jeunes comme les supports indispensables à leur information et à leur orientation ?

Au-delà de cette psychosociologie de bazar, qui peut faire sourire, observons plus sérieusement que la logique du projet, dès lors qu'elle est imposée, conduit à des dérives préoccupantes pour la scolarité de l'adolescent. Celles-ci ont été répertoriées et très précisément décrites dès 1993 par J.-P. Boutinet dans la revue *Sciences humaines* [1] :

« La *fuite en avant* dans le futur provoque une certaine incapacité à gérer les exigences du moment présent.

« Par le *volontarisme* soucieux d'une maîtrise totale sur les choses et les individus, l'acteur s'illusionne sur ses capacités et ne tient pas compte des effets pervers éventuels. [...]

« L'*idéalisation* de l'objet visé, transformé en “bon objet”, risque d'engendrer une désillusion à l'épreuve des faits. [...]

« Le *leurre* risque de créer un fossé entre l'intention originelle, ambitieuse, et la concrétisation, très modeste. [...]

« La *lourdeur des dispositifs* du projet étouffe la créativité. »

Dans ces conditions, laisser croire aux élèves qu'ils sont, comme les textes officiels le disent, les véritables « auteurs » de leur projet relève de l'imposture et de l'irresponsabilité. J.-P. Boutinet parle de « leurre » ; parlons plus simplement de miroir aux alouettes.

Que de rêves mirifiques, d'ambitions grandioses inspirés par le projet se sont vus du jour au lendemain remis en question ! Nous avons été les témoins de ces révisions déchirantes.

Ainsi cet élève qui caressait l'espoir de devenir pilote de chasse, mais dont les notes plafonnaient lamentablement dans toutes les disciplines scientifiques. Il fut donc invité non à remettre en cause ses « intentions », mais à revoir ses « stratégies ». Il se voyait aux commandes d'un Rafale ? Très bien ! Pourquoi alors ne pas s'intéresser à une formation en maintenance des systèmes motorisés avec, pourquoi pas, une spécialisation dans l'aéronautique ? Évidemment,

1. *Sciences humaines*, n° 39, mai 1993.

il a fallu beaucoup de « psychologie » au conseiller d'orientation pour convaincre le garçon que ce nouveau « projet » était bien le sien. Et beaucoup de doigté à ses professeurs pour qu'il continue, malgré sa déception, à travailler en classe.

Dans la construction du projet personnel de l'adolescent, il faut « laisser le temps au temps », nous dit-on. Ce que l'on ne dit pas c'est que les dés sont jetés dès l'entrée en seconde. En théorie, n'importe quelle seconde autorise toutes les poursuites d'études. En fait, les options choisies au moment de l'inscription sont décisives. Les options SES/SVT/TSA/TSAP [1] induisent le type de bac que l'élève passera. Certes, il existe des ponts entre les filières. Mais un changement de cap en première obligera à suivre un cours de rattrapage dans la nouvelle spécialité choisie. Du travail supplémentaire en perspective : de quoi en décourager plus d'un.

Autre phénomène, qui tient cette fois à l'effet de groupe. Dans une même classe, l'influence des condisciples est déterminante. Les feuilles de vœux se remplissent dans un même élan collectif. Un élan pas toujours spontané, car les pressions sur l'élève sont multiples. La plus courante : tout simplement l'offre de l'établissement d'accueil. La publicité faite à certaines sections joue un rôle essentiel. Combien d'agents zélés sont dépêchés dans les classes de troisème des collèges par le lycée voisin afin de promouvoir les sections à remplir en priorité ? La pression pour que le choix des futurs lycéens se porte surtout sur les options TSA et TSAP a pu prendre, selon les endroits, des proportions choquantes. Et que dire du délestage organisé des séries générales au profit des séries tertiaires dont le rapport Forestier souligne aujourd'hui qu'elles conduisent à des dizaines de diplômes différents sans aucune qualification professionnelle précise à la clef ?

---

1. SES = option sciences économiques et sociales.
SVT = option sciences de la vie et de la terre (alias sciences naturelles).
TSA/P = option technologie des systèmes automatisés/productique.

Il est aisé d'influencer des élèves de seconde, peu fixés sur leur avenir, sensibles à l'idée que des études plus courtes leur permettront d'accéder plus tôt à l'autonomie financière. Une autonomie dans bien des cas à la hauteur du SMIC. Certes, ils pourront aussi tenter après le bac le grand saut dans l'inconnu, c'est-à-dire faire des études supérieures ; nous avons vu combien ils y étaient mal préparés.

Avant cette échéance, les bilans trimestriels leur auront fait oublier les projections idéalisées au profit de considérations plus pragmatiques. Un passage dans la classe supérieure compensera l'abandon des rêves et la révision déchirante des premiers objectifs.

Combien en avons-nous vus qui, en début de seconde, voulaient « passer » en S et qui finissaient par accepter en juin n'importe quelle première, pourvu qu'on les y accepte ?

Autre effet pervers de l'orientation conçue en termes de « projet personnel » : la démobilisation et l'encouragement à la paresse.

Cela est paradoxal puisque l'objectif affiché par les textes était de donner aux élèves une raison de s'investir davantage dans leur scolarité. Mais les textes sont une chose et la réalité une autre.

Il est aujourd'hui de plus en plus fréquent de s'entendre demander par un élève aux capacités indéniables si les filières générales n'exigeraient pas, par hasard, un travail plus fourni que d'autres sans doute moins prestigieuses mais plus « confortables » et garantissant la réussite. La question en dit long sur ce qui se passe dans la tête de l'intéressé.

La mise en œuvre du projet incite en outre les élèves à « consommer » les enseignements « à la carte ». Avoir, à quinze ans, une idée de ce que l'on veut faire plus tard peut entraîner de mauvais calculs à court terme. Il n'est pas très étonnant qu'un garçon ou une fille se désintéressent totalement du cours d'histoire ou de celui de sciences naturelles dès lors qu'ils savent au milieu de leur année de seconde qu'ils vont se diriger vers un bac comptabilité-gestion. Le coefficient d'histoire à l'épreuve du bac n'est-il pas ridicule ? Quant aux sciences naturelles, elles auront disparu en première, remplacées par des options beaucoup plus « rentables ». La tendance des élèves à « choisir » les matières dans lesquelles ils sont décidés à travailler n'est pas nouvelle, mais elle est singulièrement aggravée par l'idée que seul compterait ce qui est utile au « projet » ; elle l'est davantage encore par la quasi-certitude qu'ont aujourd'hui les lycéens d'échapper au redoublement.

Rappelons les propos du proviseur cité à la fin du chapitre précédent : « Nous serons impuissants tant que les choix d'orientation seront déterminés par des “vœux” et pas par les résultats. Si l'on veut remettre les élèves au travail, il faut que les résultats comptent [...]. Le droit au passage automatique en classe supérieure entraîne *ipso facto* une baisse du niveau d'exigences. Il encourage les élèves à ne pas faire leur part du contrat qu'ils ont passé en venant à l'école. »

Dans les années qui ont suivi la réforme Haby, instituant le « collège unique », le taux des redoublements avait grimpé en flèche. En 1986, il atteignait 15,3 % en classe de troisième. Ce même taux est depuis en constante régression. Les difficultés des élèves se seraient-elles évanouies par magie ? Bien sûr que non. Tout bonnement, on a décidé, dans la même logique que celle du « projet », qu'il était inutile de faire perdre leur temps à des jeunes décidés à « réussir » dans la voie qu'ils avaient choisie.

Spécialistes en sciences de l'éducation et experts affirmaient d'ailleurs qu'une ou deux années de retard laissaient mal augurer de l'avenir scolaire et professionnel. On feignit donc de croire qu'ils suggéraient de supprimer l'échec en supprimant la sanction.

L'abandon du redoublement s'est ensuite étendu aux lycées. Après avoir augmenté considérablement dans un temps, le taux d'échec et le nombre des décisions de réorientation à la fin de la seconde fondent littéralement depuis cinq ans. Le passage dans la classe supérieure est dans la majorité des cas accordé d'office.

Voici une scène banale, prise sur le vif, lors d'un conseil de classe de seconde, à la fin du troisième trimestre. Les élèves ont en grande majorité demandé une orientation en première STI. Les quelques passages en S et STT ne posent pas problème.

Le proviseur ouvre la séance devant les professeurs, le conseiller d'orientation, les délégués des élèves et ceux des parents :

« Nous sommes là pour examiner les vœux des élèves et nous prononcer sur l'éventualité de leur passage en première.

« Je vous rappelle que si les propositions du conseil sont contraires à ses vœux, un élève a la possibilité de faire appel de notre décision, et qu'il a toutes les chances d'avoir gain de cause devant une commission d'appel composée de membres qui ne le connaissent pas comme vous pouvez le connaître.

« Il nous faut donc distinguer, d'une part, ce que j'appellerai la décision administrative de passage, décision qui ne dépend pas de nous, et d'autre part, le pronostic de réussite, fondé sur des critères pédagogiques, que nous pouvons faire.

« Pour être clair, cela signifie que nous n'avons pas les moyens de nous opposer à un passage, mais que nous pouvons donner un conseil. Libre ensuite à l'élève et à ses parents d'en tenir compte ou non. »

Un professeur. – Que faire dans le cas où l'élève est vraiment faible ? Dans la classe de première que j'ai cette année, on a vu ce que cela donnait de laisser passer des élèves en dessous du niveau : la situation est ingérablc.

Le proviseur. – Écoutez, dans les cas vraiment litigieux, je recevrai la famille et j'essaierai de les convaincre dans l'intérêt du jeune.

LE PROFESSEUR. – Bon courage !

LE PROVISEUR. – Je vous entends bien. Mais j'ai réfléchi à une possibilité qui nous permettrait de limiter les inconvénients du système, au moins dans les séries technologiques. Nous jouerons sur l'offre de places. Il n'y aura plus l'an prochain que deux classes de première électronique au lieu de trois, soit un effectif de soixante-dix élèves. Les élèves qui passent y seront admis selon leurs résultats dans la limite des places disponibles. Les autres, quels que soient leurs vœux, devront accepter de s'inscrire en première STI spécialité électrotechnique ou spécialité génie mécanique. S'ils contestent, et ils le peuvent, ils devront trouver un autre établissement prêt à les accueillir dans la spécialité de leur choix.

« Passons donc maintenant à l'examen des cas individuels.

Ne nous laissons pas impressionner par le volontarisme apparent de ce chef d'établissement. Il fait ce qu'il peut, avec sa faible marge de manœuvre, pour maintenir un climat studieux dans le lycée dont il a la charge. Ses menaces de non-réinscription ne sont que verbales. Comme ses collègues, il veille d'abord, quoi qu'il en dise, à ne pas s'écarter de la norme de redoublements qu'on lui a fixée. On parle, au sein du ministère, d'accorder à l'avenir des primes, sous forme de crédits supplémentaires, aux « bahuts » qui garderont leurs inscrits de la seconde à la terminale et leur donneront les meilleures « chances » d'achever sans « incident » leur parcours dans le secondaire. Sans incident : c'est-à-dire le plus vite possible, sans redoublement.

Fabrice Hervieu, dans *Marianne*, ne prend pas de gants pour dire ce qu'il en est : « Il semble donc que l'on soit réellement passé à l'ère de la sacro-sainte gestion des flux ; en clair, les critères économiques prennent le pas sur les critères pédagogiques. Sur le terrain, cela se traduit notamment par la limitation du taux de redoublement. Les proviseurs reçoivent cette consigne depuis plusieurs années.

Ainsi l'institution fait d'une pierre... trois coups : favoriser l'accession de 80 % d'une tranche d'âge au niveau du baccalauréat ; montrer que le système devient plus performant ; et surtout économiser – un redoublant en moins est un élève en moins à scolariser [1]. »

Adieu donc les « critères pédagogiques » ! Et pourtant, le redoublement est, en principe, non pas un constat d'échec mais un pari sur les capacités de l'élève à « rattraper son retard », retard dû à un manque de maturité ou à de sérieuses lacunes dans les matières principales.

Supprimer, ou presque, cette deuxième chance au moment même où les élèves en difficulté sont de plus en plus nombreux et où l'on prétend faire d'eux des bacheliers, semble donc inconséquent sur le plan de l'éducation.

La vérité est que la multiplication des redoublements aurait pu, si le phénomène s'était prolongé, attirer l'attention sur l'incapacité de l'école à répondre, en l'état, aux besoins des élèves. Elle aurait pu conduire à repenser méthodes et contenus. Vaste tâche ! Il était certes plus simple, comme toujours, de faire disparaître le symptôme plutôt que de s'attaquer aux causes du mal.

Les enseignants, nos collègues comme nous-mêmes, ne pourront nier avoir participé et participer encore à ce tour de passe-passe. À force de compromissions. En premier lieu dans la notation des travaux d'élèves, en « trichant » avec leurs propres exigences. Mais ont-ils le choix ? Comment, en effet, entretenir de bonnes relations avec des élèves qui collectionneraient des 4 sur 20 tout au long d'une année scolaire ? Ces bonnes relations sont indispensables, à la fois si l'enseignant entend « garder la santé » et s'il entend instaurer le climat de confiance hors duquel rien ne se transmet.

Les principaux des collèges, les proviseurs ou leurs adjoints ne sont pas les derniers à demander aux

1. Fabrice Hervieu, « Le néo-libéralisme à l'assaut de l'école », *Marianne*, 11-17 janvier 1999.

professeurs de pratiquer une évaluation « positive » : « Il ne faut pas décourager les élèves », ressassent-ils. Il y va de l'image de leur établissement. Ils subissent eux-mêmes des pressions exercées par leur hiérarchie, pressions qu'ils répercutent ensuite sur les professeurs et qui leur feront dire que des notes trop basses sanctionnent non pas l'élève, mais une pédagogie inefficace. Sous-entendu : « Si vos élèves ne réussissent pas, c'est vous qui faites mal votre boulot. »

De toute manière, les professeurs ont l'impression de ne plus avoir voix au chapitre. Certes, s'ils ne décident plus, ils peuvent encore conseiller les parents, mais ils sont rarement écoutés : « Si votre enfant échoue, on vous aura prévenus. » D'une année sur l'autre, beaucoup d'élèves passent ainsi en classe supérieure, malgré les mises en garde, et traînent ensuite leurs lacunes comme un boulet.

À l'impossible, nul n'est tenu et il n'y a pas de honte à capituler dans des conditions honorables. Les enseignants touchent une prime trimestrielle de 1 500 francs [1] pour assister à des conseils de classe où leur rôle devient de plus en plus consultatif.

Au bout du compte, ce que savent et maîtrisent les élèves est devenu secondaire. Les jeunes eux-mêmes se laissent-ils abuser ? Dans leurs jeux vidéo, ils ne peuvent accéder au niveau supérieur avant d'avoir franchi l'étape précédente avec succès. En irait-il autrement pour l'école ?

De l'orientation conçue sur la base du « projet » et son corollaire, le choix du menu qui dispense de travailler, à la transformation des conseils de classe en chambres d'enregistrement, en passant par des notations généreuses, on aura décidément tout essayé.

Mais est-on parvenu à faire disparaître la sélection ? Nous voyons que non, tous les jours. Denis Huisman ne dit

1. Rappelons que cette prime a été attribuée dans le cadre de la revalorisation du salaire des enseignants, à l'initiative de Lionel Jospin, de manière à augmenter les professeurs, sans toucher à la fameuse grille indiciaire des fonctionnaires. Cette prime s'appelle l'ISO, pour indemnité de suivi et d'orientation.

pas autre chose : « Plus que jamais l'école s'est faite sélective et élitaire, simple appareil de distribution sociale par le classement, au fil d'une scolarisation qui n'est plus qu'un espace de concurrence continue, un parcours de saut d'obstacles entre filières, disciplines et impasses [...]. Comment le sens des études, dans ces conditions, pourrait-il aller de soi [1] ? »

Tout cela est le signe d'une irresponsabilité et d'une démission collectives. Éjecter « vers le haut », et au plus vite, le plus possible d'élèves, quels que soient leurs acquis, est devenu l'un des premiers impératifs de l'institution.

Elle n'y parvient pas toujours si aisément. Car la logique du projet s'impose parfois contre vents et marées jusqu'à l'absurdité. Ainsi avons-nous eu parmi nos élèves de seconde générale un jeune homme de dix-neuf ans, déjà redoublant, et décidé à redoubler encore pour avoir un passage en première. Passage que, de guerre lasse et bien que ses résultats soient désastreux, on a fini par lui accorder cette année. Il sera donc dans deux ans en terminale et tentera de décrocher son baccalauréat afin, à vingt et un ou vingt-deux ans, de devenir pompier professionnel, puisque tel est son « projet ». Obtiendra-t-il dans deux ans son baccalauréat ? Rien n'est moins sûr. S'il ne l'obtient pas, on peut être sûr qu'il le repassera. Combien d'incendies se propageront encore, le temps qu'il franchisse cet obstacle ultime ?

Son secret ? Avoir évité en troisième, grâce à la commission d'appel, une orientation en BEP, puis s'être arc-bouté sur cette erreur d'orientation entérinée par l'institution en jouant sur deux années de retard qui rendaient difficilement pensable une réorientation. Il ne lui restait plus qu'à attendre sagement, sans fournir aucun travail, que le mécanisme de l'éjection vers le haut joue en sa faveur. Ce qui a fini par se produire.

De tout ce qui précède, il ressort que le seul projet qui compte, le « projet d'apprendre », est passé de mode.

1. *Le Guide de la réussite scolaire, op. cit.*

Réussira-t-on longtemps encore à faire croire qu'il suffit de « demander » pour « obtenir », et qu'il suffit « d'être là » pour « réussir » ?

Deuxième exemple de la manière dont l'institution « tourne et même progresse », comme dit M. Pair, l'organisation de la remédiation modulaire, en vigueur dans les lycées depuis 1992.

La remédiation ou le jeu de Lego

En 1987, le rapport du recteur Migeon, qui révèle des déficiences de l'apprentissage de la lecture à l'école primaire, sème l'inquiétude. Deux ans plus tard, la Direction de l'évaluation et de la prospective (DEP), lance, à l'initiative de Lionel Jospin, une vaste opération destinée à faire le point sur la lecture et le calcul, dans un premier temps en CE2 et en sixième.

En 1992, l'expérience est étendue à la classe de seconde et à quatre matières : le français, les mathématiques, l'histoire-géographie et l'anglais. Le support de ce gigantesque audit : des cahiers d'évaluation expédiés par centaines de milliers dans tous les lycées de France.

Ces tests sont présentés dans les pages d'introduction comme l'outil d'un « diagnostic » qui aidera à « cerner les profils, les acquis et les déficits » des élèves à l'intérieur d'une même classe, et permettra aux professeurs d'adapter leur enseignement aux besoins clairement identifiés. À chaque rentrée, il s'agit de mettre en place des dispositifs de « remédiation » sous la forme « d'enseignements modulaires ». Autrement dit des cours de soutien qui ne veulent pas dire leur nom. Comment fonctionne ce dispositif ?

Ces évaluations sont obligatoires. Dès les premiers jours de septembre, les élèves, frais émoulus du collège et encore peu familiarisés avec le nouvel environnement du lycée, se préparent à subir huit heures de tests dans les quatre

Document 7 : Une région frontalière

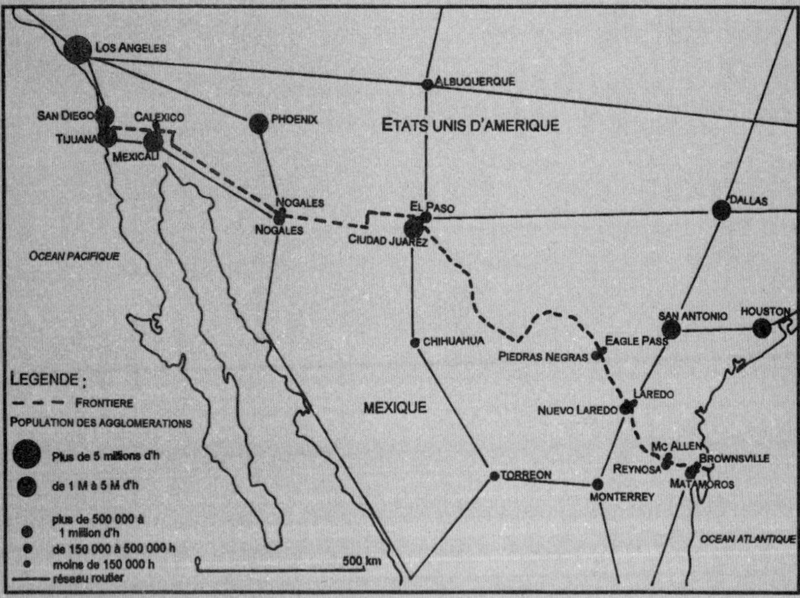

Quelle est la distance « à vol d'oiseau »
entre Tijuana et Matamoros ?

disciplines déjà citées. Le professeur distribue à ses élèves les cahiers imprimés et explique comment ils doivent les remplir. Il précise, comme les consignes le stipulent, que ces tests ne feront pas l'objet d'une notation – que les élèves se rassurent – mais d'un codage : 0, pour une absence de réponse, 1, 2, 3 ou 4 selon le degré d'approximation de la réponse, 9 pour un propos non pas « fautif » mais « erroné ».

Entrons dans le vif du sujet et ouvrons pour commencer un cahier d'évaluation d'histoire-géographie. Nous sommes en septembre 1997, en seconde générale et technologique.

L'ensemble du cahier est organisé autour d'une problématique libellée en ces termes : « La frontière : zone ou ligne ? » De nombreux documents et des cartes balayent l'espace et le temps. D'abord l'Espagne au temps du Cid. Ensuite la frontière nord-est de la France au XVIIIe siècle. Enfin la frontière américano-mexicaine aujourd'hui (*voir carte ci-contre*).

On demande aux élèves, entre autres, de calculer la distance qui sépare « à vol d'oiseau » les villes de Tijuana et de Matamoros, situées respectivement sur la côte ouest et sur la côte est du Mexique. Toute réponse donnant un chiffre compris entre 1 700 et 2 003 kilomètres était considérée comme bonne, ce qui tolérait une moyenne d'erreur dans les calculs de 303 kilomètres. Sans doute pour tenir compte du fait qu'un oiseau ne vole pas droit !

Sur trente cahiers, dix fournissent la réponse attendue. Les autres donnent des résultats fantaisistes ou présentent d'étranges calculs :

(500 × 3,5) : 14,8 = 118 kilomètres.

La distance qui sépare à vol d'oiseau Tijuana et Matamoros est 7 400 km.

14,8 × (500 × 3,7) = 14,8 × 1850 = 27 380 km.

1 400 kilomètres sépare Tijuana et Matamoros.

La distance est de 20 000 km.

SYNTHÈSE FINALE : LA FRONTIÈRE, ZONE ? LIGNE ?

Ne rien écrire dans cette colonne

Travail préparatoire pour réussir votre synthèse finale :

ne pas oublier de relire les trois synthèses (consignes n°9, n°17 et n°26/27) pour :
29- *retrouver les repères du temps et de l'espace,*
30- *préparer les arguments nécessaires ,*
31- et *soigner l'expression.*

Rédiger une synthèse argumentée (une quinzaine de lignes) :

32- S'appuyer sur les trois exercices pour montrer les différents aspects de la frontière.

Une frontière n'est qu'une ligne imaginaire
car on peut la passer la déplacer
~~[illegible]~~ comme bon nous semble. Mais
elle coûte cher car il faut des hommes
pour la surveiller et qui dit des
hommes dit de la nourriture. Et
cela coûte cher à l'Etat car des
hommes il en faut tout le long de
la frontière. Mais la frontière est
bien une ligne imaginaire car deux
pays ont souvent besoin l'un de
l'autre (ex: Amérique, Mexique) et
cela ne les empêchent pas de franchir
les frontières pour obtenir ce dont
ils ont besoin. Ce doit être pour cela
qu'elle a souvent été déplacée.

1 9 0	29
1 2 9 0	30
1 9 0	31
1 2 9 0	32

Impression d'après documents fournis 7 982004 TSC

IMPRIMERIE NATIONALE

16

Ministère de l'éducation nationale, de la recherche et de la technologie — Direction de l'évaluation et de la prospective (DEP)

Que cherchait-on à évaluer
à travers la rédaction de cette synthèse ?

Fi de l'échelle qui indiquait sur la carte un rapport d'un centimètre pour cent kilomètres, supposant de la part des élèves un calcul assez simple mais exact, sous la forme d'une règle de trois.

Ultime étape : on demande aux élèves une synthèse qui réponde à la question initiale : « La frontière : zone ? ligne ? » Le développement doit être argumenté sur une quinzaine de lignes. Plutôt court, pour un sujet digne d'une thèse universitaire. Mais enfin, lisons :

Une frontière permet de frainer les flux de migrations. De ne pas risquer trop vite l'invasion en cas de guerre, elle protège un peu, délimite les marques d'un territoire. Elle fait différente nationalités par les différents pays qu'elles forment.

La frontière peut servir à séparer de religions comme dans le document I p. 2, car toutes les religions n'ont pas les mêmes modes de vie, et les coutumes ne sont pas les mêmes. Certains chrétiens et certains musulmans se mélange car des fois entre les deux frontières, il y a un espace qui est blanc où certains chrétiens et musulmans s'installent car ils n'en ont rien à faire d'être mélangés dans la même zone.

Au point de vue du Cid en Espagne, la frontière à servi à différencié la religion de même pour Tolède.

Par contre pour les frontières Nord-Est du territoire Français, a servi à renforcer les places et séparer l'esclavage à la vie d'aujourd'hui.

Et pour la frontière américano-mexicaine sert à renforcer les emplois, l'économie américaine et mexicaine.

Que cherchait-on à évaluer à travers la rédaction de cette synthèse ? Le dos des cahiers en informe l'élève ainsi que son professeur. On testait les capacités à « s'exprimer par écrit pour communiquer », à « produire un texte cohérent » en utilisant « des repères de temps et d'espace », en

« construisant une argumentation » et en utilisant « une syntaxe correcte et claire ».

Relevons que, faute de temps ou de moyens, les trois quarts des élèves ont rendu une page blanche, privant le correcteur des précieux critères qui devaient l'aider à mieux cerner sa classe.

Reportons-nous en septembre 1996, et découvrons un cahier d'évaluation de mathématiques en seconde professionnelle. Vingt-quatre pages consacrées au Futuroscope invitent à calculer les distances qui séparent Poitiers de Strasbourg, Brest ou Lille. Ou encore à mesurer des arcs et des angles sous le titre : « Le cinéma 360° ».

Prenons une question à titre d'exemple. Un encadré précise, à la page 18 : « Le cinéma 360° est une salle circulaire *(sic)* dans laquelle le spectateur est entouré d'un écran continu recouvrant le mur… [Il] observe nettement la partie de l'écran vue sous un angle de 40°. Au-delà de cet angle de vision, il est difficile de distinguer tous les détails. L'arc AB est l'arc vu sous un angle de 40° ».

L'élève devra indiquer après lecture si les affirmations suivantes sont « vraies » ou « fausses » :

– La salle du cinéma 360° est circulaire.

– L'écran est situé sur le mur.

– Il est possible de voir la totalité de l'écran sans se retourner.

– Un spectateur observe avec netteté la partie de l'écran vue sous un angle de 40°.

– L'arc AB est l'arc vu sous un angle de 40°.

Le pourcentage de bonnes réponses à cette question est assez élevé. Qui cela doit-il rassurer ?

La dernière page, visant sans doute à détecter les daltoniens, propose de colorier en jaune et bleu le logo du Futuroscope. Est-ce là un exercice de mathématiques ? On finit par se demander si le but visé n'était pas de susciter chez les élèves l'envie irrépressible d'une excursion en car dans ce haut lieu du pèlerinage scolaire qu'est devenu le Futuroscope de Poitiers !

Dernier exemple : un cahier d'évaluation de français en seconde générale, en septembre 1998.

Ce cahier est divisé en trois parties. La première est destinée à évaluer les capacités de l'élève à « lire un texte argumentatif ». En l'occurrence un article de Roger-Pol Droit, paru dans *Le Monde* du 27 juin 1997, qui dénonce l'incapacité des sociétés occidentales à s'attaquer au problème de la faim dans le monde.

Prenons une question au hasard : « Que représente "nous" dans le deuxième paragraphe ? »

Extrait du paragraphe : « Nous savons célébrer les nourritures, nous savons les produire, nous ne savons pas encore les partager pour que, exigence minimale, aucun être humain ne meure de faim. »

Exemples représentatifs de l'éventail des réponses données par les élèves :

Le « nous » représente les amis de l'homme qui viennent manger.

Nous représente l'auteur et sa famille, ses amie et nous, : lecteurs.

« Nous » représente les humains.

Nous représente ceux qui mangent les ripailles.

Nous représente les être humain en générale.

Nous représente les cuisiniers et les agriculteurs.

Le « nous » englobe toute la population de la France et du Monde entier.

Le « nous » représente les gens aux ventres pleins.

« Nous » représente ceux qui ont de la nourriture dans leurs placards.

Extrait du document à l'usage du professeur pour le guider dans le codage des réponses : « Cette question porte sur l'interprétation fine *(sic)* d'un indice d'énonciation : le "nous" en effet inclut l'auteur et ses lecteurs appartenant au monde occidental. L'item est donc discriminant *(sic)* : il permet de distinguer les élèves qui auront repéré dans le "nous" les pôles émetteur et récepteur et/ou *(sic)* qui auront senti que le pronom n'a pas une portée universelle. »

Les réponses que nous venons de lire nous permettent plutôt de prendre la mesure des difficultés générales de compréhension des textes, du maniement très incertain de la langue, de la méconnaissance des catégories grammaticales, autant de signes inquiétants que nous avons déjà observés de la seconde aux classes des facultés. Avions-nous besoin de cahiers d'évaluation pour cela ?

Un exercice de rédaction complète le dispositif d'évaluation en français. Sujet : « Rédigez le discours que vous prononcerez devant une assemblée de jeunes de votre âge pour les convaincre que la faim peut être vaincue. »

Les consignes d'écriture sont précises : « Vous veillerez à organiser et à varier vos arguments. Vous n'oublierez pas qu'il s'agit d'un discours. Vous reprendrez deux fois dans votre texte le slogan : “Manger à sa faim est le premier droit de l'être humain.” Votre texte sera de trente lignes minimum. »

L'exercice est formellement très difficile. Il suppose de savoir manier à l'écrit les subtilités de l'art oratoire. Le sujet se prête par ailleurs à une avalanche de bons sentiments et à une accumulation de platitudes. (*Voir copie p. 165-166.*)

Faisons le point. On procède à des calculs approximatifs en histoire-géographie, on visite le Futoroscope dans des cahiers de mathématiques, on égrène des lieux communs en français.

En quoi tout cela peut-il aider les élèves à mettre de l'ordre dans leur esprit et les enseignants à faire le point sur leurs classes ? D'ailleurs, il suffit d'aller faire un tour dans la salle des professeurs d'un lycée, aux alentours de décembre, pour découvrir ces cahiers verts, roses, mauves ou bleus empilés en équilibre instable sur le dessus des armoires.

Le système de codage est destiné à un traitement informatique des évaluations par un logiciel baptisé EVAREM. Des chapelets de 0.1.2.3.4.6.9. grâce auxquels l'ordinateur sortira des « profils de classe », des listings d'élèves déficients, des taux statistiques de réussite ou d'échec, le tout

Ne rien écrire dans cette colonne

ECRIRE UN TEXTE ARGUMENTATIF

Vous participez à une campagne contre la faim dans le monde dont le slogan est « Manger à sa faim est le premier droit de l'être humain ». Rédigez le discours que vous prononcerez devant une assemblée de jeunes de votre âge pour les convaincre que la faim peut être vaincue.

Consignes d'écriture : vous veillerez à organiser et à varier **vos arguments** ;
vous n'oublierez pas qu'il s'agit d'un **discours** ;
vous reprendrez **deux fois** dans votre texte **le slogan** : « Manger à sa faim est le premier droit de l'être humain ».
Votre texte sera de trente lignes minimum.

Mes chers compatriotes .

J'ai tenu à ~~pa~~ me présenter à cette campagne contre la faim dans le monde , pour dénoncer les un milliard trois cent millions d'hommes qui n'ont par problème de budget pas accès aux grands repas. Alors , à mon avis le slogan " Manger à sa faim est le premier droit de l'être humain " à été mal choisi. Il est vrai que dans nos pays , plus de gens mangent à volonté que de gens faméliques. Mais en Malésie , Somalie et j'en passe, les hommes donneraient tout pour avoir un grain de riz.

De plus, la technologie d'aujourd'hui permettraient à des millions

6

Ministère de l'éducation nationale, de la recherche et de la technologie — Direction de la programmation et du développement (DP&D)

Manier à l'écrit les subtilités de l'art oratoire…

Ne rien écrire dans cette colonne

de gens de manger sans se priver ou du moins avoir de quoi vivre.

Enfin, "Manger à sa faim est le premier droit de l'être humain" pourrait être le rêve exaucé par les pauvres et les "ventre-creux" si nous connaissions le vrai sens du mot partager. Mais pour cela, il faudrait que nous nous mettions à la place des "meurt-de-faim" et dans la même misère qu'eux pour que tous les hommes soient égaux.

1 9 0	10
1 9 0	11
1 2 9 0	12
1 6 9 0	13
1 2 6 9 0	14
1 2 3 9 0	15
1 2 9 0	16
1 6 9 0	17
1 9 0	18
1 2 9 0	19
1 2 9 0	20
1 2 9 0	21
1 2 9 0	22
1 2 9 0	23
1 2 9 0	24

11

Ministère de l'éducation nationale, de la recherche et de la technologie — Direction de la programmation et du développement (DP&D)

sous forme de courbes, tableaux et diagrammes. Un système très moderne donc, avec pour seul inconvénient de très mal fonctionner et de fournir des diagrammes inexploitables. Les plus coopératifs des enseignants se sont vite lassés d'introduire dans l'ordinateur leurs listes de codes. Le logiciel de traitement n'est toujours pas au point après sept années d'expérimentation... Il ne reste qu'un moyen pour s'en sortir : prendre son stylo et tout faire à la main. De quoi occuper à temps plein les quinze premiers jours de la rentrée.

Assez dubitatifs, comme beaucoup de collègues, sur les bénéfices de l'opération autant que sur ses prolongements pédagogiques, nous sommes allés à la source chercher la bonne parole auprès du chef de la mission d'évaluation. Ce haut fonctionnaire nous a reçus fort courtoisement dans les bureaux de la DEP, boulevard Pasteur.

Il nous a longuement présenté son service qui, nous explique-t-il, coordonne de nombreuses actions : évaluation des élèves à différentes étapes de leur scolarité, évaluation des « performances » des établissements, publication de statistiques, publication de guides pédagogiques et de « banques de données » ; le service travaille en outre activement à comparer le fonctionnement des systèmes éducatifs dans le monde et plus particulièrement à l'intérieur de l'Europe. En matière de prospective et d'évaluation, la France, nous déclare-t-il, exporte un savoir-faire reconnu sur tous les continents.

Notre interlocuteur n'a pas manqué de nous offrir la transcription bilingue d'une conférence qu'il a prononcée devant des représentants de l'OCDE, réunis à Luxembourg les 16 et 17 novembre 1998 [1].

Nous en venons enfin à l'objet de notre visite : quel profit

1. Conférence OCDE-Banque européenne d'investissements sur l'évaluation des investissements en équipements éducatifs, Luxembourg, 16-17 novembre 1998. *Qu'attendent les pays développés de leurs systèmes éducatifs ?*, François Louis, chef de la mission d'évaluation, ministère de l'Éducation nationale, de la Recherche et de la Technologie, France.

le ministère tire-t-il des tests auxquels les professeurs ont l'obligation de soumettre leurs classes ?

Le chef de la mission nous explique alors qu'il existe deux types d'évaluation conduisant dans un cas à la publication d'un « bilan », dans un autre à la publication de « repères ».

Exemple de bilan : la DEP a publié en novembre 1998 un fascicule intitulé *Comparaison des résultats en lecture des élèves en fin de CM2 à dix ans d'intervalle (1987-1997)*. Ce document exploite, nous précise-t-il, un tout autre protocole que celui en vigueur dans nos cahiers d'évaluation.

Ce « bilan » comporte une centaine de pages couvertes de tableaux et d'équations. Voici sa conclusion :

« Dans le cadre de nos données, la mise en œuvre des modèles psychométriques de réponse à la question a permis de confirmer les études menées à partir des méthodes statistiques classiques. Ces résultats ont été établis sur une base plus solide puisque l'analyse afférente a été menée sur la base des questions pour lesquelles n'existait pas un fonctionnement différentiel réellement significatif. Pour ces questions, la réussite n'était dépendante que de la compétence scolaire des élèves.

« Cette étude a donc permis de confirmer :

« – l'absence d'une évolution significative des compétences des élèves en l'espace de dix ans ;

« – l'effet déterminant de l'âge sur les résultats des élèves ;

« – les élèves à l'heure ou en avance ont obtenu en 1987 comme en 1997 des résultats supérieurs à ceux des élèves en retard ;

« – pour chacun des deux groupes, on n'a pas constaté d'évolution significative des résultats. »

Autrement dit : rien n'a bougé ! Nous ne sommes guère plus avancés après la lecture de ces conclusions. Qu'en est-il alors des « repères » ? Nous rappelons à notre interlocuteur qu'en avril 1999, *La Lettre du Monde de l'éducation* révélait les résultats alarmants obtenus par ses services, cette fois sur la base de l'exploitation des cahiers d'évaluation proposés à l'entrée en sixième. Selon cette publication, il apparaissait qu'un pourcentage important d'élèves ne maîtrisait pas les compétences élémentaires en calcul et en lecture et qu'une grande masse les maîtrisait très mal.

Le chef de la mission cherche à rectifier le tir : les journalistes ont tiré des conclusions hâtives, non d'une évaluation-bilan, mais de repères partiels tirés d'une exploitation ponctuelle des résultats fournis par les cahiers d'évaluation à l'entrée au collège.

Nous demandons s'il existe un rapport du même type concernant l'entrée au lycée.

Réponse : non, les évaluations en seconde n'ont pas été conçues dans cette optique et n'ont donné lieu à aucune statistique officielle.

Devons-nous comprendre que l'évaluation en seconde est une opération désintéressée, uniquement destinée à aider les professeurs dans la conception de leurs cours ? Nous savons pourtant que les lycées sont régulièrement sondés et fournissent, à la demande du ministère de l'Éducation, des échantillonnages de tests corrigés. Ces tests sont-ils réellement inadaptés à produire des données fiables sur les savoirs fondamentaux maîtrisés par nos jeunes lycéens ? Le mystère reste entier…

Reste le volet « pédagogique ».

Notre interlocuteur lance des pistes : « Quel pédagogue ne serait pas intéressé par une démarche nouvelle ! Le professeur peut, grâce aux évaluations, comparer les résultats de sa classe avec ceux d'un collègue du même lycée ou d'un établissement voisin. Mais les cahiers permettent surtout d'objectiver l'évaluation, ce que ne peuvent réaliser les professeurs, lorsqu'ils conçoivent leurs propres exercices. D'un enseignant à l'autre, il y a trop d'écart entre les pratiques et les systèmes de notation. Les protocoles sont d'ailleurs élaborés par des professionnels de la pédagogie et mobilisent des équipes d'hommes et de femmes du terrain… »

La réponse n'est pas de nature à nous convaincre définitivement des vertus du dispositif et un point continue de nous intriguer :

Résultats de l'évaluation

Nom ....

Prénom ....

Capacités	Compétences	Composantes évaluées	Items	1	2	3	6	9	0
Lire un texte **argumentatif**	Adapter la stratégie de lecture	Percevoir la spécificité générique et/ou typologique du texte	1						
		Anticiper sur la conduite du débat	3						
	Analyser	Repérer et/ou interpréter des ensembles lexicaux	2						
		Repérer et/ou interpréter des indices d'énonciation	6						
		Repérer et/ou interpréter des procédés d'écriture	4						
			5						
		Identifier des arguments et/ou des exemples	8						
		Identifier la thèse défendue et/ou la thèse rejetée	7						
			9						
Ecrire un texte **argumentatif**	Produire une argumentation	Respecter la consigne de longueur	10						
		Comprendre le sujet - prendre en compte le sujet	11						
		- inscrire le texte dans la situation d'énonciation imposée	12						
		Présenter et/ou réfuter une thèse	13						
		Produire des arguments et/ou des exemples - présenter des arguments et/ou des exemples pertinents	14						
		- développer les arguments	15						
		- varier les arguments	16						
		Elaborer un parcours argumentatif - organiser les arguments	17						
		- ouvrir et clore le texte	18						
		Utiliser des procédés rhétoriques	19						
	Ecrire un texte cohérent	Gérer les relations logiques	20						
		Gérer les reprises nominales et pronominales	21						
	Respecter les contraintes linguistiques	Respecter l'orthographe grammaticale - respecter les accords sujets/verbes	22						
		- maîtriser l'homophonie grammaticale	23						
		Utiliser une syntaxe correcte	24						
Lire un texte **narratif / descriptif**	Adapter la stratégie de lecture	Percevoir la spécificité générique et/ou typologique du texte	25						
			27						
	Analyser	Distinguer narrateur et personnage	31						
		Identifier le point de vue	26						
		Repérer et/ou interpréter des ensembles lexicaux	28						
		Repérer et/ou interpréter des procédés d'écriture	29						
			30						
	Dégager l'essentiel	Proposer une interprétation d'ensemble	32						

15

Ministère de l'éducation nationale, de la recherche et de la technologie - Direction de la programmation et du développement (DP&D)

Huit compétences et vingt-trois composantes en français...

Tableau des capacités, des compétences et des composantes en Histoire et Géographie

CAPACITÉS	*COMPÉTENCES*	*COMPOSANTES ÉVALUÉES et ITEMS*
SITUER DANS L' ESPACE ET LE TEMPS	Appréhender l'espace	Localiser: 22
		Délimiter un espace : 23
		Caractériser un espace : 21
		Mesurer l'espace : 18
		Identifier un espace : 3
	Appréhender le temps	Dater : 1
		Délimiter une période : 2
TRAITER DES INFORMATIONS DANS DIFFERENTS SUPPORTS DOCUMENTAIRES	Sélectionner	Extraire des informations pertinentes : 6, 19
		Sélectionner selon un critère précis : 10, 15, 25, 26
	Classer	Trier par domaine : 4, 24
	Confronter	Confronter des informations : 11, 12
	Mettre en relation	Etablir des liens entre des documents de nature différente : 8, 20
		Etablir des liens entre plusieurs informations : 5, 13, 14, 16
	Généraliser	Dégager l'idée générale : 7
S ' EXPRIMER PAR ÉCRIT POUR COMMUNIQUER	Faire une synthèse	Relever des arguments : 9
		Construire une argumentation : 30
		Produire un schéma : 28
		Organiser avec cohérence des éléments divers : 17, 32
	Produire un texte cohérent	Utiliser des repères de temps et d'espace : 29
		Utiliser une syntaxe correcte et claire : 31
	Utiliser diverses formes d'expression	Passer de l'une à l'autre (document/schéma) : 27

Ministère de l'éducation nationale, de la recherche et de la technologie - Direction de l'Évaluation et de la Prospective (DEP)

Dix compétences et vingt et une composantes en histoire

« Au dos des cahiers (*voir p. 170-171*) sont définies les capacités et les compétences à évaluer. Comment interpréter ces termes ? Qu'en est-il des connaissances ? Quelle différence faire entre une compétence et une connaissance ? »

Réponse évasive : « Bien sûr il n'y a pas de compétence sans connaissances… L'opération deux plus deux font quatre est une compétence. Elle requiert aussi une connaissance… »

Nous n'en saurons pas plus. Il est midi. Nous quittons ce haut fonctionnaire si disert et affable. Toujours aussi perplexes quant au rapport entre « connaissances » et « compétences ».

Nous avons eu depuis l'occasion d'interroger à ce sujet un proviseur. Il fut plus explicite : « Il est impossible d'évaluer une compétence pour la bonne raison qu'elle n'est mobilisée qu'à l'instant même où on en a besoin. Elle suppose de toute manière une combinaison de savoirs, de savoir-faire et d'expérience. »

Un sociologue de notre connaissance, chercheur à l'Institut national de la recherche pédagogique (INRP) tiendra un propos plus tranchant : « Une compétence doit être contextualisée, sinon c'est de la foutaise ! »

Autrement dit, dans le domaine scolaire, le seul contexte où le professeur peut évaluer une compétence, c'est sa salle de classe. Ce n'est qu'au moment où il interroge un élève qu'il pourra déterminer à la fois les lacunes de l'intéressé, les insuffisances éventuelles de son enseignement, et les questions sur lesquelles il lui faudra revenir. Simple, mais il fallait y penser.

Prétendre, dans un contexte national, sur la base d'un protocole unique, évaluer par centaines de milliers les élèves sur des dizaines de compétences à la fois ne relève pas d'une démarche sérieuse.

Sans parler de la confusion qui règne dans la terminologie. Naïvement, lorsque les évaluations ont été mises en place, nous pensions qu'elles avaient pour but de mesurer les connaissances de nos élèves. Nous avons découvert que ce n'était pas du tout le cas.

Entre le repérage de « capacités », supposant elles-mêmes la maîtrise de « compétences » à leur tour détaillées en « composantes », il y a de quoi s'embrouiller. Quant à la complexité d'un savoir ou à la diversité des connaissances, il n'en est jamais question.

L'évaluation chemine donc dans un labyrinthe de critères inintelligibles. Qu'on en juge : ce qui est une « compétence » en histoire-géographie (sélectionner, classer, mettre en relation) devient une « composante » en mathématiques. Si, dans cette discipline, le nombre des composantes tourne autour de la dizaine, il dépasse les vingt en français ! On remarquera, parmi les capacités évaluées, que « lire » consiste d'abord à « adapter une stratégie de lecture ». Curieuse démarche proposée à des jeunes empêtrés dans des problèmes immédiats de compréhension. Tout aussi curieuse est l'assimilation d'une « analyse » à une série de repérages. Enfin, qui se fait plaisir en donnant cette définition d'une « stratégie de lecture » : « situer un texte, une œuvre, un auteur à partir de sa spécificité générique et/ou typologique », ou encore « à partir de l'apparat critique » ? Comprenne qui pourra. Nous, nous n'avons toujours pas compris.

On est également en droit de s'interroger sur le coût de ces évaluations, qualifiées par le chef de la mission d'« opération d'envergure, [de] nécessaire investissement à la hauteur des ambitions que l'on se donne ».

Les cahiers d'évaluation sont assurément bien présentés et bien imprimés, avec feuillets détachables et couverture cartonnée. On y reconnaît tout le savoir-faire et l'efficacité de l'Imprimerie nationale. Pourrait-on suggérer qu'il eût été plus simple et moins dispendieux d'envoyer à chaque enseignant un exemplaire unique, dont il n'aurait eu qu'à reproduire une ou deux pages au tableau ? Un tableau, une craie pour le professeur, une copie double pour l'élève, et l'affaire était réglée. Trop traditionnel peut-être ?

Reste que, dix ans plus tard, les quelque soixante-dix

millions de cahiers d'évaluation imprimés par les soins de la DEP ont de quoi faire pâlir d'envie n'importe quel éditeur. De ce point de vue la réussite est éclatante.

L'est-elle autant du point de vue de la triple mission assignée à l'origine par les pouvoirs publics à la Direction de l'évaluation et de la prospective : prendre la température du système scolaire, définir des plans d'action, proposer des outils d'évaluation destinés à faciliter la remédiation ?

Le mélange des genres est-il un art si difficile à pratiquer ? Serait-il compliqué par un « combat des chefs » se livrant en coulisses ? On est en droit de s'interroger.

En septembre 1998, la publication du rapport de l'inspecteur général Jean Ferrier, ancien directeur des écoles, avait déjà jeté le doute sur l'efficacité des évaluations conduites par la DEP. *Le Monde* [1], sous la signature de Béatrice Gurrey, rendait compte des conclusions du rapporteur en ces termes : « Rappelant qu'à l'entrée du CE2, le pourcentage des élèves en très grande difficulté peut aller jusqu'à 17 %, et 10 % en sixième, l'inspecteur général écrit : “Si l'opération nationale d'évaluation d'où ces chiffres sont issus est considérée comme valide et pertinente, alors l'institution ne peut méconnaître qu'à l'issue de l'école primaire, la situation est alarmante.” L'alternative est donc simple : si les évaluations ne sont pas fiables, il convient de faire cesser “une opération coûteuse en temps et en moyens financiers”. Ce n'est évidemment pas la voie choisie... »

Neuf mois plus tard, le 6 juin 1999, *Le Nouvel Observateur* publiait un article au titre évocateur, « Chronique d'une mort annoncée », signé d'Anne Fohr. On pouvait y lire ceci : « Aujourd'hui le thermomètre de l'école est bloqué. Dès son arrivée, Claude Allègre décida de transformer la DEP en même temps qu'il réorganisait son ministère, petit jeu favori de ses prédécesseurs, qui s'y livrèrent

---

1. Béatrice Gurrey, « Jean Ferrier préconise de renforcer l'évaluation des élèves du primaire », *Le Monde*, 26 septembre 1998.

à douze reprises depuis les années 1960. Cette fois, pourtant, la maison tangua très fort et le patron du service, Claude Thélot, grand commis de l'État, claqua la porte. Aussi le ministre consentit à maintenir une “mission d'évaluation [1]” au sein de la nouvelle direction. Mais personne ne s'y trompa : remplacer une direction de l'“évaluation” par une direction de la “programmation”, c'était changer de cap. Les troupes savaient qu'elles devraient désormais planifier plutôt qu'expertiser… On aurait également demandé au service de plancher sur les fameux 12 % d'absentéisme enseignant avancés par le ministre. “Nous avons additionné des choux et des carottes, plaisante un statisticien, sans succès évidemment.” Que fera le ministre ? […] Créer une agence d'évaluation indépendante, comme il l'avait préconisé en son temps ? »

Quelque temps plus tard, Ségolène Royal lançait une nouvelle pierre dans un jardin déjà semé de cailloux. À la suite de la parution, en avril, de l'article de *La Lettre du Monde de l'éducation* que nous évoquions plus haut et qui, rappelons-le, tirait la sonnette d'alarme sur le niveau à l'entrée en sixième, la ministre tenait à mettre les choses au point. Elle profita des états généraux de la lecture, organisés à Nantes en mai 1999, pour le faire en ces termes :

« Il faut clarifier les règles de l'évaluation et lui garantir une parfaite transparence… Les évaluations ne sont pas là pour saper le travail des enseignants, mais pour donner des indications fines : il faut que le système soit totalement clair et que l'indépendance de ceux qui font ces évaluations soit garantie, sans prêter le flanc à la critique. »

Qui sont-ils, ces évaluateurs à l'indépendance douteuse ? Et de qui étaient-ils dépendants ? On aimerait le savoir. Ne serait-ce pas par hasard des experts qui tentent, en liaison avec l'OCDE, d'une part d'harmoniser les systèmes

---

1. Rappelons que c'est avec le chef de cette mission, au sein de ce qui est devenu la DPD, que nous avons pu nous entretenir longuement de l'utilité des cahiers d'évaluation.

d'enseignement européens en matière de coûts, d'autre part de substituer à l'évaluation des connaissances menant à un diplôme reconnu une évaluation des « compétences » débouchant sur l'« employabilité » ? (cf. le chapitre « Un monde incertain ».)

Plusieurs organismes ou groupes d'intérêts se disputeraient-ils le leadership de l'orientation du système scolaire ?

Entre le corps des inspecteurs généraux, l'Institut national de la recherche pédagogique, dirigé par Philippe Mérieu, et les différentes antennes du ministère de l'Éducation nationale, il semble que se livre dans l'ombre un rude combat. Il n'est pas certain que l'intérêt des élèves y trouve son compte.

Cela seul importe à nos yeux. Rappelons qu'un des objectifs affichés de l'évaluation était de permettre de mieux appréhender les handicaps des élèves afin de les corriger. Dans cette perspective, des heures dites de « modules » sont prévues pour les quatre matières qui font l'objet d'une évaluation. Quel est leur fonctionnement, et peut-on évaluer leur efficacité ?

Dans leur principe, les modules sont le prolongement du cours sans être le cours. Ils doivent répondre ponctuellement à certains besoins des élèves, besoins qui évoluent en permanence au fil de l'année. Difficile à comprendre ? Tâchons d'être plus clairs. Imaginons que le cerveau de l'élève soit construit comme un jeu de Lego. À ce jeu, le professeur doit commencer par repérer les cases vides dans le cerveau de l'élève. Puis il essaiera d'y insérer la pièce manquante, l'élément bleu, le rouge, le vert ou le jaune selon les cas.

Les « plages de modules » imposent une division de la classe en deux. À ne pas confondre avec un dédoublement. Le groupe auquel il manque l'élément bleu pourra être composé de treize élèves, le groupe auquel il manque le vert de dix-sept. Mais comme quatre matières sont concernées par les modules, leur organisation suppose un complexe chassé-croisé. Ainsi, lorsqu'une partie de la classe va en français pour recevoir son élément jaune, l'autre se trouve en histoire où l'on tente de ré-emboîter l'élément rouge. Cinquante-cinq minutes plus tard, on inverse et l'on change d'éléments, puisque le deuxième groupe n'a pas les mêmes cases vides que le précédent. Le même ballet se répète ensuite entre les mathématiques et l'anglais.

Quelle peut être l'efficacité d'un tel dispositif ?

La constitution des groupes nécessite une concertation préalable entre les collègues qui travailleront sur des plages horaires parallèles : il leur faut définir des critères communs pour fonctionner au même moment. Ces critères sont parfois bien difficiles à trouver, surtout entre mathématiques et langue vivante. C'est un peu comme si les uns jouaient au Lego alors que les autres jouent au Playmobil. Ça ne s'emboîte pas !

Du coup, les séances de « remédiation » tournent parfois à la débandade et les instructions officielles sont discrètement contournées. Scène fréquente dans les couloirs pendant les interclasses :

– Ah, cher collègue ! Voici la constitution des groupes que je souhaiterais adopter cette semaine en module. Est-ce que cela te convient ?

– Pas de problème, cela m'est égal.

Égal, parce que, quelle que soit la constitution des deux groupes, cet enseignant, comme des centaines d'autres, et en dépit des instructions officielles, fera deux fois le même cours. Ses raisons sont multiples. D'abord, il a d'autres chats à fouetter et mieux à faire que de se plier à la dernière lubie du ministère de l'Éducation.

Ensuite, il lui faut avant tout « boucler le programme », ce qui le conduit à prolonger le cours « normal » sur les heures réservées officiellement à la remédiation (heures prises, d'ailleurs, sur l'ancien horaire, amputé d'autant).

Enfin, la « pédagogie modulaire » reste pour lui comme pour nous la quadrature du cercle : pendant qu'un groupe rattrape son retard, l'autre prend de l'avance, entretenant les décalages de niveau à l'intérieur de la classe. Cela est inévitable, à moins d'amuser pendant ce temps les meilleurs afin de les ralentir.

Le service d'un professeur de lycée comprend souvent deux classes de seconde. Le calcul est simple à faire : soixante à soixante-dix élèves avec chacun leurs attentes, leurs problèmes et leurs retards. Face à l'ampleur de la tâche et au peu de temps dont il dispose – une vingtaine d'heures sur toute l'année, guère plus, pour combler des lacunes accumulées souvent depuis le primaire – le challenge de l'aide dite modulaire est injouable. D'autant plus que les contraintes d'emploi du temps et de gestion des salles conduisent la plupart du temps à caser « les plages » de modules de seize heures à dix-huit heures. Que peut-on espérer faire assimiler à ce moment tardif de l'après-midi, après une journée déjà lourdement chargée ? La saturation est totale, l'unique obsession des « demi-pensionnaires » est de ne pas rater le car qui les ramènera chez eux aux alentours de dix-neuf heures.

Nous venons de l'apprendre par un courrier du ministère en date du 4 août, la réforme des lycées qui se met en place à la rentrée 1999 prévoit en seconde, à côté des modules, l'organisation d'une aide individualisée.

En bénéficieront les élèves dont les retards particuliers seront apparus lors de la passation des tests d'évaluation de début d'année. Huit élèves au maximum pour une durée d'un trimestre à raison d'une heure par semaine.

Cette heure qui s'ajoute dans les emplois du temps à la remédiation modulaire avec ses groupes à géométrie variable promet un beau casse-tête pour la rentrée.

S'en soucie-t-on ? L'objectif n'est-il pas de persuader l'opinion publique qu'on fait quelque chose pour les élèves en difficulté ?

Ubu pédagogue

Dans un ouvrage qui a fait date, intitulé *Tant qu'il y aura des profs*[1], Hervé Hamon et Patrick Rotman écrivaient : « Une proportion infime, impossible à chiffrer tant elle est faible, de maîtres en exercice relate sa trajectoire professionnelle en prononçant le mot "élèves". Les profs ont choisi d'aller à l'université. Ils ont choisi – parfois avec ferveur – d'étudier les mathématiques, la philosophie ou les sciences naturelles [...]. Ils ont subi des épreuves difficiles qui entérinaient ce choix [...]. Mais ils n'ont pas choisi, pour la plupart, de s'adresser à un public, d'affronter trente regards, de communiquer un savoir, de communiquer une conviction. »

La création en 1991 des IUFM (Instituts universitaires de formation des maîtres) répondait donc, si le diagnostic ci-dessus est exact, à une préoccupation légitime : former les enseignants à exercer une profession à laquelle leur cursus universitaire et leurs choix disciplinaires les préparaient d'autant moins qu'ils n'avaient pas majoritairement ce que l'on appelle la « vocation ». Il s'agissait en somme de ne pas jeter du jour au lendemain dès l'obtention de leurs diplômes, de jeunes « blancs-becs » dans la fosse aux lions.

Certes, il existait auparavant une formation destinée aux enseignants du secondaire. Sous la responsabilité de conseillers pédagogiques, ils devaient, avant d'être

1. H. Hamon et P. Rotman, *Tant qu'il y aura des profs*, Le Seuil, 1984.

titularisés, effectuer trois stages dans des classes de collège et de lycée.

Mais l'ambition des IUFM, telle qu'elle est affichée dès 1991, est incontestablement d'une autre ampleur. Il ne s'agit pas seulement de roder les futurs enseignants à la présence de leur public, mais d'unifier la profession, de l'école primaire au baccalauréat, en coulant tous ses membres, professeurs des écoles (ex-instituteurs), professeurs des collèges et professeurs des lycées dans le même moule. Quoi que l'on pense du slogan redondant de ces instituts, « professionnaliser le métier », ils avaient été conçus dans l'intention louable de faire face au défi de la « démocratisation ».

À leur création, les IUFM étaient porteurs d'espoirs. Grâce à l'unification de la formation, n'allait-on pas enfin mettre un terme, entre autres, au cloisonnement entre le primaire et le secondaire ? On pouvait espérer que les futurs professeurs de collèges iraient faire un stage à l'école primaire, histoire de voir comment on apprend à lire ou à compter. Et, pourquoi pas, que des instituteurs confirmés, notamment ceux qui pratiquent la méthode Freinet ou d'autres méthodes « différentes », pourraient venir dans une classe de collège ou de lycée montrer aux jeunes collègues l'art de conduire une classe « hétérogène ».

Bref, on pouvait escompter que ces instituts universitaires de formation des maîtres soient les moteurs d'un véritable renouveau pédagogique. Celui-ci était d'autant plus nécessaire que la loi de 1989 assigne aux enseignants de nouvelles missions.

« Aujourd'hui, les enseignants ne sont plus seulement chargés d'instruire les jeunes qui leur sont confiés. Ils contribuent aussi à leur éducation, ils les forment en vue de leur poursuite d'études et de leur insertion sociale et professionnelle », précise M. Alain Pleurdeau [1], directeur

1. « Bienvenue à l'IUFM des Pays de la Loire », éditorial d'Alain Pleurdeau, directeur de l'IUFM des Pays de Loire, dans le *Livret d'accueil destiné aux professeurs et conseillers principaux d'éducation stagiaires 1998/1999*.

de l'IUFM des Pays de Loire, dans un mot d'accueil adressé aux élèves-professeurs.

Instruire, éduquer, former à l'emploi, l'ambition n'est pas mince. Elle exigeait des moyens financiers et humains importants. Apparemment les IUFM, pièce maîtresse dans le nouveau dispositif de l'Éducation nationale, ont eu des moyens [1] à la hauteur de leur tâche, ou ont su se les procurer par le marketing, le cas échéant.

Ainsi, par exemple, l'IUFM de l'académie d'Amiens ne lésine-t-il pas pour informer ses étudiants. Deux luxueux guides, de 135 pages chacun, édités avec le concours de la MGEN, de la MAE, de l'Autonome de solidarité, de la MRIFEN, de la CASDEN, de la CAMIF et de la MAIF [2], présentent l'IUFM d'Amiens et ses missions, expliquent aux stagiaires ce que leur offre l'établissement.

Ils font miroiter à ceux-ci les ressources humaines mises à leur disposition : un conseil d'administration de quarante et un membres, présidé par le recteur, un conseil scientifique et pédagogique de quarante membres, un conseil des sites (l'IUFM a trois antennes locales) de vingt-trois membres. Cent enseignants à temps plein, mille formateurs associés, tout cela pour accueillir, encadrer et former deux mille futurs professeurs dans un « établissement innovant, attaché à la réussite de chacun, pour le plus grand bénéfice du système éducatif et des enfants de ce pays ». Niveau de formation, nous dit encore la plaquette : « bac + 5, le niveau des ingénieurs ».

Avec une telle armée de formateurs, nul doute que les élèves-enseignants ne deviennent des professionnels de la pédagogie !

La devanture brille, voyons ce qu'il y a derrière. Les échos recueillis auprès de ceux qui sont passés par les

---

1. Toutefois, l'allocation d'études versée aux élèves-professeurs de première année pour préparer leur concours devait rapidement être supprimée.

2. N'entrons pas dans le détail. De la Mutuelle de l'Éducation nationale à la Mutuelle d'assurances des instituteurs et des fonctionnaires en passant par la coopérative d'achat, on reconnaît ici toutes les organisations mutualistes qui encadrent la profession.

IUFM donnent une idée fort différente de celle que les instituts cherchent à répandre, à travers leurs complexes plans de formation et leurs ambitieux projets éducatifs.

Qu'en est-il de la « professionnalisation du métier » d'enseignant ?

Le premier à qui nous avons posé la question, professeur de français depuis huit ans, a essuyé les plâtres de ces instituts en 1991. Il se souvient d'hilarantes séances au cours desquelles un homme de théâtre était censé apprendre aux professeurs stagiaires, en une journée, à poser leur voix. Laissons-lui la parole :

« Nous étions une dizaine dans une salle, autour d'un barbu muni d'une guimbarde. Le jeu consistait à prendre la note et à expérimenter les différents niveaux de son. Évidemment, chacun y allait de son couac. Bon, quand on avait fini de faire la basse-cour, on tentait de se mettre à l'unisson et de tenir une note dans les graves, pas trop haute ni trop basse. Après ce premier exercice, il fallait apprendre à expirer, à pousser le son, sans forcer la voix : mettre une main sur le sternum, puis sur le ventre, etc., pour placer l'expiration. Le temps de mettre les deux séances en route et de s'entraîner, il était midi. À quatorze heures, bien entendu, analyse et compte rendu de la séance du matin. À seize heures, après un tour de table languissant et une synthèse, basta !

« Autre réjouissance : les mêmes, autour du même, contraints d'improviser un sketch à partir de n'importe lequel des accessoires à portée de main dans la salle, table, chaise ou portemanteaux. Agrippés aux portemanteaux de la classe, nous avons mimé pendant de longues minutes les passagers d'un autobus, secoués par les coups de frein d'un conducteur trop nerveux. But de l'opération : apprendre à se mettre en scène comme le professeur devant sa classe.

« Tout cela n'était pas bien méchant, mais on avait l'impression de perdre son temps et de ne rien apprendre.

« Pourquoi nous serions-nous rebellés ? Un an de formation après le diplôme à l'IUFM, c'est six heures de cours hebdomadaires devant les élèves au lieu des dix-huit qu'assurent les titulaires. Un an de tranquillité d'autant plus apprécié que pendant nos stages en situation, nous avions un avant-goût de ce qui nous attendait : des élèves pas faciles, des corrections en masse, la préparation des cours. N'est-ce pas, au fond, ce que les professeurs d'IUFM ou les formateurs cherchent à fuir ? Leurs théories fumeuses ne servent à rien quand on est sur le terrain ; ils le savent et ils y vont le moins possible.

« Ce qui reste du passage en IUFM ? Pour les plus impressionnables, les plus jeunes ou les moins sûrs d'eux : une soumission craintive à la hiérarchie, un respect formel des procédures. Ils arrivent et partent scrupuleusement à la sonnerie. Ils savent faire un beau cahier de textes en couleurs, avec mention du projet, des objectifs, de la méthodologie et *tutti quanti*. »

Voici un deuxième témoignage, celui d'une collègue d'anglais qui a fréquenté l'IUFM d'une autre académie en 1993 :

« J'ai passé le CAPES d'anglais en 1992. Mes souvenirs d'IUFM ? Le plus drôle, c'est cette séance où il a fallu faire comme si l'on peignait un tableau à l'aide d'un pinceau imaginaire coincé dans le nombril. Il s'agissait de prendre conscience de ses inhibitions et d'apprendre à rendre le corps expressif, un élément capital dans le métier, paraît-il. J'avais trente-cinq ans, une quinzaine d'années d'exercice comme institutrice, et il se trouve que je connaissais le formateur pour l'avoir déjà vu vendre sa soupe, quelques années auparavant, dans je ne sais plus quel stage. Je lui ai dit : “Tu ne vas pas recommencer !” Alors, il m'a répondu : “Ne fais pas ta mauvaise tête !” Ensuite, il y a eu un module où il fallait apprendre à utiliser l'espace de la classe en se déplaçant les yeux fermés dans les travées. »

Le troisième témoignage est plus récent. M.F. était professeur stagiaire de philosophie en 1998. Il sera titulaire à dater de la rentrée 1999.

« Les philosophes étaient dans la ligne de mire du directeur de l'IUFM. Le conflit avait démarré après un module mémorable sur les difficultés de l'adolescence. Ce jour-là, un type que personne ne connaissait, sans doute un vague psychologue, se pointe devant les élèves-maîtres de philosophie et commence à leur expliquer que la vie comporte plusieurs étapes, qu'il y a la petite enfance, l'enfance et ensuite l'adolescence qui se reconnaît à l'apparition d'indices comme les poils, les boutons, etc. Au bout de dix minutes, les philosophes se sont regardés et ont quitté la salle. Tous. Évidemment, nous avons été convoqués par le directeur. "C'est inadmissible ce que vous avez fait, etc." Réponse : "Nous ne sommes pas ici pour entendre des ânes débiter des conneries." »

Ces exemples sont-ils des cas isolés, peu significatifs et peu représentatifs du fonctionnement des IUFM ? Connaissant le scepticisme de beaucoup de nos collègues pour tout ce qui touche à l'institution, nous pouvions le penser. Nous avons dû cependant nous rendre à l'évidence. Nos jeunes collègues disaient vrai. Pour preuve, voici deux modules qui figurent dans le plan 1998-1999 de formation générale des professeurs de l'IUFM d'Amiens : ce sont les mêmes que ceux évoqués par les précédents témoignages.

Module : l'enseignant et les élèves
Intitulé de l'action : conduites adolescentes et mineurs en danger
Durée : 3 heures
Intervenants : formateurs de l'équipe EPICAR, assistantes sociales, conseillers d'orientation, psychologues
Objectifs :
– distinguer ce qui relève de la crise d'adolescence comme processus normal de la croissance de ce qui révèle une situation de danger pour le mineur ;
– repérer les signes de souffrance et pouvoir les analyser.

Module : s'exprimer et communiquer
Intitulé de l'action : le travail du corps et de la voix (jeu dramatique, outil pédagogique)
Durée : trois sessions
Intervenants : formateur de la Mission académique d'action culturelle
Objectifs : permettre au professeur de se positionner dans la classe, d'établir avec les élèves une communication qui permette l'écoute réciproque et les échanges
Programme prévisionnel : mettre à la disposition des enseignants les techniques de l'acteur
Modalités : des improvisations, puisées dans la réalité quotidienne. Des exercices, individuels ou collectifs, portant sur la respiration, le volume, le débit, l'élocution, le regard, la gestuelle, le déplacement

Mais il y a plus troublant, ainsi ce module où l'élève-enseignant est sommé de s'imprégner du discours « pédagogiquement correct » et même, disons-le, du discours « politiquement correct ».

Avant d'en parcourir le programme, précisons qu'à l'issue de l'année, deux éléments sont pris en compte pour évaluer la formation générale des élèves-professeurs :

1° l'assiduité et l'implication du professeur stagiaire ;

2° une note de synthèse (4 pages) relative à un ou plusieurs thèmes développés en formation générale, et faisant apparaître une information complète et sûre.

Module : l'enseignant et l'institution scolaire
Intitulé de l'action : évolution et enjeux du système éducatif
Durée : 3 heures
Intervenants : universitaires et/ou spécialistes de l'histoire de l'éducation
Objectifs :
– replacer la loi d'orientation du 10 juillet 1989 et le « nouveau contrat pour l'École » dans l'histoire d'un siècle de pratique scolaire
– prendre conscience des enjeux politiques, sociaux, culturels de l'École d'aujourd'hui

On peut légitimement se demander en quoi ce module contribue à la « professionnalisation du métier » d'enseignant. Ne s'agit-il pas ici plutôt de « politisation », ou du moins d'une recherche d'adhésion à la politique scolaire du gouvernement ?

Un autre aspect des IUFM est le technicisme qui semble avoir investi les structures de formation où l'on espérait trouver un bouillonnement pédagogique intense.

Voici un échange de notes entre professeurs d'IUFM sur les plans de formation, qui laisse abasourdi.

Première note : « Concernant la professionnalisation dès la première année, elle pourrait viser en premier lieu la formation de l'enseignant lui-même, non en tant qu'intervenant dans une classe devant des élèves, mais comme adulte maîtrisant les matières qu'il sera amené à enseigner, sachant travailler très vite et efficacement (d'où l'importance dès la première année des TICE [1] et de la documentation), sachant se poser des questions (d'où peut-être un regard sur l'épistémologie des disciplines).

« L'important serait donc la formation personnelle susceptible de servir de fondement à la professionnalisation. Dans ce contexte, la connaissance (toute théorique) du système éducatif, de l'organisation scolaire, des objectifs et des programmes des disciplines sont secondaires (même s'il faut passer par là pour les épreuves du concours). La maîtrise par les candidats des savoirs disciplinaires, de leur façon de travailler, les rendrait plus libres pour aborder les didactiques et la pédagogie en seconde année : les compétences acquises seraient mises à l'épreuve et au service d'une mission éducative qui dépasse largement l'enseignement des disciplines. »

Deuxième note : « Ouvrir un débat sur *professionnalité et professionnalisme*. Si l'IUFM veut fonctionner sur le modèle des écoles d'ingénieurs, l'aspect formation professionnelle est relativement bien mis en place. Ce qui l'est moins c'est l'aspect professionnel de la formation elle-même (*sic*). Pour caricaturer, on ne peut pas admettre qu'un professeur de français en première année PE [professorat des écoles] étudie Balzac et un autre les contes de fées. Au référentiel pour l'étudiant doivent figurer des contenus de formation identiques. Une unité de formation doit être reproductible quel que soit l'enseignant. Cela implique des équipes de réflexion permanentes sur les contenus : on mettrait sur pied des groupes de recherche en formation (GRF) travaillant en équipe (formateurs, étudiants, équipes mixtes). La formation s'évalue dans le même temps où elle se réalise et s'infléchit en conséquence.

« Bien être clair sur l'idée que les formations disciplinaires sont des formations didactiques. Particulièrement

1. Techniques de l'information, de la communication et de l'enseignement.

pour les PLC2 [professeurs de lycée et collège] dont les compétences disciplinaires sont déjà validées par le concours.

« Tordre le cou à l'opposition théorie/pratique (la pratique n'est qu'une théorie inavouée). »

Une dernière note concerne la préparation à l'enseignement en maternelle : « Il n'est plus question (il me semble) de faire une juxtaposition des disciplines avec quelques plages consacrées au terrain. L'idée est d'entrer dans ce module avec des questions d'ordre directement professionnel, où l'articulation "théorie/pratique" serait indispensable. De là, bien sûr, il devrait y avoir des moments d'apports théoriques (autant didactiques, pédagogiques qu'épistémologiques) et d'autres de confrontation entre ces connaissances et le terrain.

« Je vous demande donc de me faire parvenir :

« – les mots clefs concernant d'après vous ce qui devrait entrer dans les connaissances liées aux apprentissages ;

« – leurs définitions (et même les références que vous utilisez) ;

« – les "questions" (voire thèmes) qui seraient, pour vous, susceptibles de poser correctement la réalité des apprentissages dans l'enseignement à l'école primaire. »

Ce débat entre didacticiens, dans lequel une chatte ne reconnaîtrait pas ses petits, se déroulait à Amiens. Le document suivant émane de l'IUFM de Versailles. Il s'agit d'un guide destiné à l'élève-professeur mis « en situation » d'observer le déroulement d'un cours.

Observer une séance

1° Avant la séance, s'informer sur
– la classe : niveau, degré d'hétérogénéité, comportement des élèves
– la séquence où s'insère la séance : domaine concerné (lecture, écriture, oral...), situation dans le projet, objectifs poursuivis (consulter le cahier de textes)
– la séance elle-même : objectif spécifique à la séance, activités prévues, type de préparation
2° Pendant la séance, observer
– son déroulement : progression, rythme (rapide, lent, alternance, pauses...), démarches (déductive, inductive, hypothético-déductive, dialectique, créatrice...)
– les modalités de travail avec les élèves (nature et variété) : écrit/oral, individuel/collectif/groupes, application/recherche
– la relation professeur/élèves (non pédagogique, mais dispositif de médiation instauré par le professeur) :
  • circulation de la parole : distribution entre les locuteurs, types d'interventions (assertions, interrogations, re-formulations)
  • type de questionnement : questions ouvertes ou fermées, à destinataire collectif ou individuel
  • verbalisation des élèves : typologie des discours utilisés (paraphrastiques, explicatifs, argumentatifs)
  • utilisation de supports : manuel, tableau, rétroprojecteur, audiovisuel
– la relation du professeur au savoir :
  • définition d'objectifs didactiques
  • définition de l'objet d'enseignement (notion, concept, méthode...)
  • référents théoriques : explicites, implicites, identifiables
  • relation au programme, aux instructions officielles
– la relation induite des élèves au savoir :
  • participation des élèves à l'activité : réception (écoute) ou production, application, construction, création
  • prise de notes
  • verbalisations
  • travail personnel : volume et périodicité
– le suivi des travaux des élèves : évaluation (critères ?), annotations, contrôle des classeurs

3° Après la séance, s'informer sur
– l'articulation de la séance avec le projet (orientation à venir, lien entre les textes étudiés, les activités de lecture et d'écriture et les faits de langue étudiés) ; organisation et programmation annuelles
– les choix : notionnels, littéraires, méthodologiques, outils d'analyse, de production écrite ou orale
– l'articulation avec l'extérieur (sorties scolaires, partenariat)
– l'articulation avec l'établissement : recours au centre de documentation et d'information, travail en équipe, relation avec le projet d'établissement, implication dans les études dirigées, parcours diversifiés, modules
– la participation aux différents conseils : de professeurs, de classe, d'enseignement, d'administration, de discipline
– les modalités d'orientation des élèves

En un sens, ce document nous flatte : nous ignorions que nous mettions en pratique autant de « compétences » dans l'exercice de notre métier. Mais il nous inquiète aussi : sommes-nous à la hauteur de ce cahier des charges ? Quant à son utilité pour le professeur stagiaire, elle nous paraît discutable. On y découvre, avec surprise, que la relation entre l'élève et le professeur peut être « non pédagogique », on y relève une avalanche de termes jargonnants : « démarche déductive, inductive, hypothético-déductive, dialectique ou créatrice », « discours paraphrastiques, explicatifs ou argumentatifs », « référents théoriques explicites, implicites ou identifiables ».

En quoi cet attirail théorique peut-il être utile à la conduite d'une classe ? N'a-t-on rien de plus important à dire à un collègue débutant ?

La « science » de l'éducation atteint là ses limites qui confinent à l'absurde : elle ne sait plus, au bout du compte, que bredouiller les deux ou trois concepts qu'elle a peiné à élaborer.

Nous souhaitons bon courage à nos jeunes collègues s'ils n'ont pas d'autres armes que ce verbiage le jour où il leur faudra passer à la pratique dans des classes réputées, à juste titre, de plus en plus difficiles à conduire.

Peut-on généraliser à partir de ces quelques exemples ? Leur existence justifie en tout cas que l'on s'interroge sur la fonction et le fonctionnement des IUFM. Par ailleurs, une autre de leurs missions est la formation permanente, et les échos qui nous parviennent de ce côté ne sont guère plus rassurants.

La contestation s'exprime à l'intérieur de l'institution elle-même. Parmi d'autres, citons la lettre que nous écrit un professeur en IUFM, docteur en histoire :

« Les schémas de formation que je vous envoie sont un bel exemple du verbiage "didactique" en vogue dans les IUFM ainsi que dans les facultés où l'on enseigne les "sciences" de l'éducation.

« Il faut savoir que les conseils d'administration des IUFM sont composés de plusieurs dizaines de personnes : universitaires, élus régionaux, représentants syndicaux, etc., et d'une petite minorité de représentants des formateurs et des étudiants, les seuls qui vivent la formation.

« Que dire des IUFM ? Je me suis personnellement investi (au conseil d'administration et dans d'autres instances) pour tenter d'améliorer la formation que l'on y dispense. J'y ai passé de longues heures, car la thèse officielle est que tout se discute, que rien n'est imposé d'avance. En réalité cette concertation est un leurre. Les décisions sont déjà prises et on ne peut rien faire bouger.

« Pour le reste, la tare essentielle des IUFM est qu'ils sont constitués d'une juxtaposition de chapelles clientélistes. Ainsi, les services éducatifs de l'académie où je travaille (musées, archives départementales) accaparent plusieurs centaines des heures attribuées par l'inspecteur pédagogique régional d'histoire, responsable d'une énorme machinerie, la Mission académique culturelle. Celui-ci gère, au sein de l'IUFM, la formation en histoire, avec sa clientèle de formateurs triée sur le volet. Par ailleurs, j'ai à plusieurs reprises tenté d'obtenir des éclaircissements sur les objectifs du service dont je suis chargé auprès de ce monsieur… en vain.

« Un dernier mot. J'ai noté, comme vous, un affaissement préoccupant des cadres du savoir. J'ai été obligé d'apprendre – je dis bien d'apprendre – la chronologie de l'histoire de France à certains de mes étudiants, futurs professeurs d'histoire. »

Technicisme exacerbé, clientélisme, on est loin de l'ambition originelle des IUFM : mieux préparer les futurs enseignants à exercer leur métier, être les centres de l'innovation pédagogique. Si l'on en croit ce que dit ce docteur en histoire sur les « énormes structures » poussant comme des champignons parasites, celles-ci auraient surtout contribué à alourdir encore un peu plus le « mammouth ».

Et comme si cela ne suffisait pas, la ministre déléguée à l'Éducation nationale, pour faire bon poids, prévoit de mettre en place à la rentrée des « observatoires académiques des pratiques pédagogiques… associant les IUFM, les universités et l'Institut national de la recherche pédagogique ».

Une nouvelle structure donc, transversale cette fois, puisque la transversalité est devenue le *nec plus ultra* de la pédagogie nouvelle.

Après ce détour dans les coulisses de la formation des maîtres, l'avenir que l'on prévoit pour les collèges et les lycées nous réserverait-il de meilleures surprises ?

Le complexe d'E.T.

Les E.T. aujourd'hui ne viennent pas d'une autre planète. Ils sont nés et vivent parmi nous.

Certains sont les « sauvageons » des zones périurbaines, qui s'expriment par onomatopées. D'autres, mieux lotis et moins mal léchés, sont membres d'un club de tennis et disent encore « merci madame, oui monsieur, s'il vous plaît ». Les garçons mesurent un mètre quatre-vingts, chaussent du 44, ont le fond du pantalon qui leur arrive aux genoux et des baskets délacées. Les filles, à peine moins grandes, portent des bijoux dans le nombril, se teignent les cheveux en bleu, en rouge ou en vert. Tous ou presque ont des portables, des Tatoo, des calculatrices… et s'ennuient dans la vie aussi bien qu'à l'école.

Ce sont nos enfants.

À en croire la rumeur, on ne saurait plus trop que faire d'eux, ni quoi leur apprendre, encore moins comment.

La stupeur collective devant cette tribu bigarrée, blasée et pas toujours civile a elle-même de quoi étonner. Ces jeunes, nous les avons devant nous tous les matins et jusqu'au soir. Pour nous, si difficiles à vivre qu'ils puissent être parfois, ils sont simplement des jeunes d'aujourd'hui, porteurs des problèmes de la société telle qu'elle est, avec sa violence, ses discriminations, son absence de moralité, son mépris du savoir et sa glorification de l'argent facile, son impuissance à l'égard de fléaux tels que la drogue.

Cela mérite d'être rappelé, ne serait-ce que pour signifier

que l'école ne peut, à elle seule, régler tous les problèmes comme on lui demande de plus en plus de le faire.

Le racket, la vente et la consommation de drogue, les agressions sont devenus monnaie courante, même dans des établissements réputés sans histoire. Assez pour alerter l'opinion et faire réagir les pouvoirs publics. C'est ainsi que des sanctions pénales aggravées ont été prévues par la loi du 17 juin 1998, pour les faits de violence commis « à l'intérieur d'un établissement scolaire ou éducatif, ou à l'occasion des entrées et des sorties des élèves, aux abords d'un établissement ».

De nouvelles dispositions réglementaires internes prévoient « une gradation et un élargissement des différents modes de sanctions » dans le cadre de « mesures alternatives au conseil de discipline (médiation, mesure de réparation) », voire « une externalisation des conseils de discipline aux quelques cas où la sécurité de l'établissement n'est pas assurée ».

En clair, les problèmes qui surgissent dans l'enceinte des établissements doivent être réglés autant que possible à l'intérieur de ceux-ci, de préférence à l'amiable. Périlleux exercice.

Sans doute est-il inutile de dramatiser ce que l'on peut considérer comme des « dérapages » ponctuels aux marges de la délinquance. Il n'en demeure pas moins que les professeurs et les autres membres de la communauté éducative risquent de se sentir bien désemparés s'ils sont les uniques garants d'une autorité légale qu'ils n'ont guère le pouvoir d'imposer.

Du coup, nombre d'hésitations apparaissent quant aux mesures à adopter. Les sanctions sont finalement très rares. Bien souvent, l'élève pris en faute sera juste invité à faire acte de contrition, après avoir « expliqué » son cas oralement ou par écrit. On se satisfera d'une version des faits qui permet d'étouffer l'affaire ou de minimiser ses conséquences. De ce point de vue, les « commissions d'écoute » ou les confessions « spontanées » d'élèves lors d'une retenue tendent à encourager la loi du silence.

COMMISSION COMPORTEMENT

Mise en place

Quels problèmes peuvent être à l'origine de la réunion de ce comité :

violences	*agression sur personnes*
	agression sur biens
	rackett
	vol
	violence verbale
	port d'arme
déviances	*drogue (consommation ou vente)*
	alcool

Objectif :
respect du droit d'expression de l'élève
écouter, prendre en compte les explications du "fautif".
produire un compte-rendu de la réunion, qui sera soumis au Chef d'Etablissement.
La sanction sera prise (le lendemain) par le Chef d'Etablissement, au vu de cette synthèse

Composition :
un C.P.E.
1 élève appartenant au bureau des délégués
un professeur ou un A.T.O.S.S. ou un surveillant
un parent d'élève

N.B. : le rôle des élèves est de se porter garants du bon déroulement de la séance d'une part, et d'être garants de l'objectivité du compte-rendu d'autre part.

Cadre : *20 mn d'écoute* *10 mn de synthèse*

Ne pas dramatiser les « dérapages » aux marges de la délinquance.

Nous reproduisons p. 197-198 un exemple de ce type de confession.

Voici les faits : en début de cours, deux élèves demandent à aller à l'infirmerie. Ils ont, disent-ils, une indigestion de « bonbons ». Leur pâleur, la transpiration qui coule le long de leur visage, leur démarche titubante convainquent le professeur d'accéder à leur demande. Il ne les reverra que le lendemain matin. Plusieurs jours après les faits, il apprendra la vraie cause de l'indigestion : des cigarettes de haschisch.

Dans ce cas précis, tout le monde a préféré fermer les yeux et considérer l'incident comme clos. L'indigestion expliquait de manière satisfaisante les vertiges et les nausées qui avaient conduit ces deux élèves à disparaître momentanément de la circulation. Sans aucun doute les personnels d'éducation seront-ils à l'avenir plus vigilants à leur égard. Mais personne ne cherchera à en savoir plus sur les mystérieux « bonbons » et leur provenance…

Compromis dangereux ? Peut-être. Mais puisque les règlements ne prévoient que « l'externalisation des conseils de discipline aux quelques cas où la sécurité de l'établissement n'est pas assurée », il faut bien que ces établissements parent, comme ils le peuvent, à des actes qui, même s'ils ne mettent pas en cause la sécurité, justifieraient dans la société civile l'intervention de la police et le recours aux tribunaux.

Un exemple de « mesures alternatives » en matière d'infractions nous est fourni par la « commission comportement » mise en place l'an dernier dans un lycée de l'Ouest (*voir p. 198*).

On y observe que le « racket », les « agressions sur personne », et même le « port d'arme » sont passibles d'une simple comparution devant ladite commission, en présence non pas de la victime mais d'un aréopage aux attributions indéfinies, composé de quatre adultes plus un délégué d'élèves – il n'y a ni juriste ni avocat désigné comme le « garant » de l'objectivité des débats.

Pas d'affolement cependant : toutes les écoles ne sont

[redacted] 10.03.99

Heure de retenue

(A) Je suis retenus ce mercredi au lycée à cause de mon absence de deux heures non signalées à la vie scolaire et aux professeurs Mr [redacted] et Mr [redacted]

Cette absence est dut à des maux de ventres, j'ai alors quitté le cours de français au bout d'un quart d'heure et je ne suis rerentré en cours qu'à 17h en module d'Anglais avec Mme [redacted] car j'avais des vertiges et je suis rester assis très longtemps car ça n'allait vraiment pas, c'est à cause de tout les friandises que j'ai mangé pendant la pause.

c'est plus grave.

Dorénavant, j'irai signaler ce qui m'arrive à la vie scolaire ou à l'infirmerie (ce jour là elle était fermée) pour éviter d'inquiéter les professeurs et surtout pour ne plus avoir de sanctions.

(B) Je ne suis pas du tout satisfait de mes résultats en 2ND ; le premier trimestre c'est à peu près bien passer mais j'ai quelque problème pendant les vacances de * Noël et c'est à ce moment que j'ai chuté, je me suis repris en main avec le soutien d'une personne mais j'ai du mal à rattraper mon retard scolaire, au niveau du comportement je progresse pas bien vite mais c'est plus fort que moi alors j'évite de me mettre à côté des copains avec qui je peux bavarder ou autre et j'essaie d'écouter le prof mais si je ne comprend pas ça m'énerve et je me relâche. Cependant je crois et je suis même persuadé d'améliorer mes résultats au cours du 3ème trimestre.

Pour réussir ma scolarité j'ai demandé à deux ou trois copains de venir m'aider chez moi car ils ont → de meilleurs résultats mais ils ne veulent pas car un m'a dit qu'il ne voulait pas travailler puisque qu'il veux allé en B.E.P. (???) et les autres ça les embête.
Je ne met pas mon échec scolaire sur le dos de mes camarades mais je suis un peu déçus.

Quelquefois je travaille à l'aide de manuels mais c'est assez différent des cours fait en classe surtout en physique donc je ne m'aide plus de cela.
Maintenant j'essai d'être plus attentionné en cours et de faire correctement mon travail le soir à la maison car si je ne passe en première, mon père veux me mettre apprenti maçon car il ne veux vraiment pas que je redouble donc je n'ai pas le choix et j'y arriverai bien que je sois quand même assez démotivé.

> En dehors de l'école je passe mon [redacted] de l'école [redacted] pour y faire du roller, [redacted] ça, on être entre copains et on s'apprend chacun nos petits trucs pour progresser. Et j'aime surtout ça car c'est assez extrême donc cela m'amène des sensations superbes et puis du moment que j'suis avec des rollers aux pieds je suis bien, sans problèmes.

pas de petits Chicago. Cependant le quotidien des établissements scolaires est devenu problématique. Pour preuve, voici ce que nous confie une conseillère principale d'éducation, en poste dans un lycée de petite taille, dans la région nantaise : « J'ai senti durant l'année scolaire écoulée une rupture assez radicale. Les élèves, au lieu de venir me demander aide ou conseil, sont presque toujours entrés dans mon bureau en brandissant la révolte ou la revendication. L'idée qu'ils puissent, un instant, avoir tort leur paraissait comme une offense. Les absences se sont multipliées. Des heures de soutien en module étaient volontiers séchées.

« Dans mon lycée, on assiste à des gestes violents, on a même vu des cas d'automutilation. Manifestations bruyantes, hurlements, bousculades, voire dégradations se multiplient soudainement. Cette situation nouvelle a motivé de nombreuses réunions. On prévoit pour l'an prochain des actions. Il y a les partisans d'une charte de comportement appliquée avec sévérité, et ceux qui souhaitent s'appuyer sur un projet d'encadrement visant une insertion rapide des nouveaux inscrits à la vie lycéenne. Un terrain d'entente est difficile à trouver. »

Ainsi chaque établissement, dans le cadre de son « projet », y va de son initiative. Ici, on réécrit le règlement intérieur, là, on rédige un contrat qui engage les élèves à respecter leurs interlocuteurs et les consignes de travail.

Le projet de contrat présenté ci-après a été élaboré par un groupe d'enseignants. Il est destiné à être intégré dans le règlement intérieur de leur établissement.

Contrat de travail

Ponctualité et assiduité
Afin de donner à chacun les meilleures conditions de travail ainsi que les plus grandes chances de réussite au lycée, il est précisé aux élèves que, selon le règlement intérieur :

1° ils doivent arriver à l'heure en classe, en particulier lorsqu'ils n'ont pas cours avant (1re heure du matin ou de l'après-midi, 1re heure après la récréation de 10 h 20 ou celle de 15 h 50)

2° ils doivent rester attentifs et surtout actifs jusqu'à la fin du cours indiquée par le professeur, en fonction de la sonnerie ou de l'emploi du temps spécifique du groupe

3° la pause éventuellement accordée par le professeur entre deux heures consécutives de la même discipline doit se dérouler dans le calme, ne doit pas excéder 5 minutes et ne doit pas être l'occasion de sortir pour fumer

4° le professeur n'est pas tenu d'accepter en cours un élève qui arrive en retard si le motif de son absence n'est pas valable et/ou s'il n'est pas muni d'un billet d'entrée, surtout s'il s'agit d'un « récidiviste »

5° les élèves absents à un contrôle pourront être convoqués à un autre moment pour composer, afin de permettre une juste évaluation de leur travail et de leurs compétences

Comportement et implication dans le travail

1° les élèves doivent avoir une attitude correcte et rester respectueux vis-à-vis de leurs camarades et de leurs professeurs : les bavardages, en particulier, seront sanctionnés

2° le chewing-gum ainsi que les friandises et, de façon générale, toute forme de nourriture est proscrite pendant les cours

3° l'usage des « Walkman », des téléphones portables et autres gadgets est également interdit

4° les élèves doivent apporter à tous les cours les livres et documents indiqués pour chaque matière par l'enseignant en début d'année : un livre pour deux ne saurait suffire, en particulier pour les contrôles

5° seront pénalisés lors de l'appréciation de la participation orale, jusqu'à concurrence de 5 points sur 20, les élèves qui n'auraient pas suivi les consignes précédentes et/ou qui, sans raison valable, n'auraient pas fait le travail personnel demandé par le professeur à l'issue du cours précédent, en particulier le lundi : le travail pendant le week-end est impératif

NB : les professeurs s'engagent à donner le travail de préparation approfondie à l'avance et à négocier au mieux avec les élèves les dates des devoirs « lourds », ce qui n'exclut pas un contrôle possible du travail personnel (leçons), seul garant de progrès

Que révèle « en creux » ce document ?

Les élèves n'arrivent pas à l'heure, n'écoutent pas le cours, ils profitent des pauses pour s'éclipser on ne sait où, ils manquent sans motifs des contrôles annoncés, ils sont aussi grossiers entre eux qu'avec les professeurs, ils mangent en classe, écoutent de la musique ou téléphonent ou reçoivent des coups de fil pendant les cours, oublient leurs cahiers et leurs manuels, refusent de faire quoi que ce soit pendant le week-end...

Face à tant de désinvolture, les professeurs qui ont rédigé ce « contrat de travail » se sentent néanmoins tenus de prendre de leur côté un engagement solennel : ils préviendront à l'avance ces élèves, qu'ils désespèrent de faire travailler, de la date des devoirs « lourds » ! Faut-il faire observer que certains de ces mêmes élèves pourraient ainsi à l'avance mieux planifier leurs absences ?

Ce projet de contrat donne une image assez fidèle du comportement de bien des élèves aujourd'hui et du sentiment d'impuissance que ressentent tant de nos collègues.

Pourtant l'attitude des premiers est-elle vraiment nouvelle ? Autrefois aussi, on séchait les cours, on bavardait en classe, on arrivait en retard, et même il arrivait que l'on se fasse porter pâle les jours d'interrogation écrite. Si quelque chose a changé, ce ne sont pas les enfants ou les jeunes, mais l'institution. Une école sûre d'elle-même, adossée à des missions claires, viendrait vite à bout de ces vétilles. En fait, s'ils se croient parfois tout permis, c'est qu'ils sentent bien que l'école doute d'elle-même. Le seul contrat qui puisse être passé entre celle-ci et ceux-là est d'ailleurs un contrat tacite. Le fait même d'en discuter ou d'avoir à le coucher par écrit affaiblit sa valeur.

Que pensent aujourd'hui les élèves du lycée ? Voici, en guise de réponse, un texte libre remis à un professeur de français par un élève de seconde :

Le lycée est un monde à part.

Beaucoup de personnes, enfin d'élèves, se croisent, se regarde, sans pour autant se connaître.

Un des moments les plus appréciés est la pause de dix minutes environ.

À ce moment là, on peut observer tout le monde qui sort des différents bâtiments et ce moment est sacré.

C'est pour certain le moment du café ou du pain au chocolat, pour d'autres la cigarette, c'est aussi le moment pour retrouver le copain ou la copine, échanger quelques moments de la classe, appréciés ou pas, ou alors les notes parfois catastrophiques.

Mais dès que la sonnerie rententit pour la deuxième fois, « il faut y aller », cette petite phrase revient à chaque fois, c'est le moment de retourner au travail.

Souvent soucieux, les élèves prennent leur temps pour monter en cours, tandis que pour sortir de cours, personne n'est soucieux, tout le monde déferlent les escaliers s'en se préocupé a côté de qui ils sont.

Il y a aussi des bruits qui reviennent souvent. D'ailleurs, ils sont parfois désagréable, comme par exemple le bruit des chaises qui se traînent par terre, parfois si lourdement que l'on peut ressentir peut-être la paresse de travailler.

Certains viennent au lycée juste pour voir les amis et non pas pour travailler.

Parfois, les journées sont longues, car quand on part pour aller au lycée, il fait nuit et on y revient il fait nuit.

Parfois on a l'impression d'avoir passé plus d'une journée, au lycée.

Quand un élève s'ennuie, ne s'intéresse pas au cours, ce qui est amusant c'est que le professeur le voit tout de suite, l'élève s'intéresse plus à ce qui se passe dehors, comme le sport qu'il peut apercevoir à travers la fenêtre, il aimerait tellement être à leur place.

Où alors il dessine, il gribouille, il pense mais à qui ?, à quoi ? peut-être à ce qu'il va faire ce week-end, ou alors les vacances, quel sujet passionnant et qui importe beaucoup, aux yeux des lycéens car ce moment est tellement attendu.

Le lycée est un monde à part… Cette page d'écriture, avec ses fautes et ses maladresses d'expression, est touchante. Elle a le mérite de la franchise. Elle énonce des vérités dont nous ferions bien de tenir compte. Des choses simples, mais qui en disent long sur la manière dont est vécue et perçue aujourd'hui l'école.

Il y a le poids des journées interminables, entrecoupées de pauses trop brèves et trop rares, instants volés à l'emploi du temps qui n'autorisent que de brefs échanges entre camarades, exceptionnellement avec un professeur.

Il y a le chassé-croisé, répété à chaque heure, entre ceux qui se ruent hors des salles de classe dès la sonnerie et ceux qui arrivent, en traînant les pieds.

Ce que décrit l'auteur de ce texte libre rejoint les souvenirs d'une ex-collègue et ex-principale de collège [1] que nous avons interviewée. Elle aussi évoque « le tourniquet perpétuel à chaque heure, au long de couloirs bruyants, dans des escaliers incommodes, une sorte d'absurde transhumance dans laquelle élèves et professeurs sont jetés par la sonnerie ».

---

1. Son témoignage est reproduit intégralement dans le chapitre « Paroles de profs », p. 240.

« Toute la vie scolaire est découpée en heures et en lieux vieux de quatre siècles », note de son côté l'Inspection générale en 1998.

Il y a enfin le rapport, comme distendu, des élèves aux apprentissages et aux cours : absence de travail, paresse, ennui... La vie est ailleurs. Les regards s'évadent par les fenêtres des salles de classe. Dehors, un groupe d'élèves jouent au ballon. On pense aux vacances. La seule présence adulte à laquelle l'élève fait allusion est celle du professeur, vigilant, bienveillant mais guère efficace...

Que déduire d'un tel texte ?

Les partisans des pédagogies différentes, constatant que les enfants s'ennuient, en tireraient argument pour avancer leurs solutions : partir des centres d'intérêt de chacun, ouvrir les portes de l'école sur le monde, aller à la découverte. Dans *Pourquoi vos enfants s'ennuient à l'école*[1], Marie-Danielle Pierrelée, principale du collège de Mulsanne, condamne le « système normatif » et préconise de briser le carcan du collège unique en permettant à chaque collégien, quel que soit son niveau, de mettre en œuvre, sous la responsabilité d'un tuteur, un projet valorisant ses goûts et ses aptitudes personnelles.

Nous partageons son souci de prendre en compte les élèves dans leur diversité. Mais tel est souvent le sort des idées généreuses que de fournir des recettes à ceux qui sont à court d'imagination. Il est à ce titre significatif que la solution du tutorat proposée par Madame Pierrelée soit reprise – et aussitôt vidée de son sens – dans le projet de réforme du collège. Nos ministres, pressés qu'ils sont par l'urgence, cherchent surtout à poser un couvercle sur la marmite en ébullition, en transformant l'école en huis clos, en « maison-collège » ou en « cité-lycée ». Du coup, aucune mesure n'est proposée pour refonder l'enseignement des collégiens sur des pratiques et une culture plus concrètes.

---

1. Marie-Danielle Pierrelée, *Pourquoi vos enfants s'ennuient à l'école*, Syros, février 1999.

Encore une fois, le problème est pris à l'envers : si l'on veut donner un sens à l'école, et faire en sorte que les élèves s'y sentent bien, il faut avant tout que ceux-ci soient assurés qu'elle est là pour les faire progresser et les mettre en situation de donner le meilleur d'eux-mêmes. Rien à voir avec une école-garderie, fût-elle confortable et dorée, ou un endroit où l'on jouerait à être citoyen, pour cesser de l'être sitôt sorti.

N'était-ce pas à cette demande de sens que la consultation nationale lancée durant l'année scolaire 1997-1998 se proposait de répondre ? Son thème : « Quels savoirs enseigner dans les lycées ? »

Des millions de questionnaires furent adressés aux élèves, à leurs parents et aux professeurs pour solliciter leur point de vue. Des états généraux de l'enseignement, en quelque sorte. Le but de l'opération : initier une « rénovation du système éducatif ». Pour une fois, les attentes exprimées par le « terrain » et par la « base » allaient pouvoir remonter vers le sommet et les centres de décision.

Le comité d'organisation de la consultation nationale a rassemblé ses conclusions dans un rapport rendu public après le colloque de Lyon, du 11 mai 1998, présidé par Philippe Meirieu.

Visiblement, ceux qui étaient chargés du dépouillement des questionnaires avaient bien travaillé. Ceux qui étaient chargés de leur analyse avaient beaucoup réfléchi.

On lit dans cette synthèse quelques vérités qui font plaisir et des propositions de bon sens dont on désespérait qu'elles soient exprimées un jour.

« Le lycée doit dispenser une culture commune à tous les élèves quelle que soit la filière où ils sont engagés. »

« La refonte des programmes ne doit pas être pensée en termes de simple "réduction", mais comme "un retour à l'essentiel". »

La nécessité de revenir à une culture « moins instrumentale » se trouve également affirmée.

Ainsi, à propos de l'enseignement du français, on relève le fait que les élèves lui « reprochent, en parfaite convergence avec l'immense majorité de leurs enseignants, le caractère trop techniciste qui écarte, tout à la fois, l'apprentissage de la communication écrite ou orale et la réflexion sur le sens des œuvres et sur les questionnements universels dont elles sont porteuses ».

À propos des modules, on relève que « les ambiguïtés de fonctionnement en gênent l'efficacité » et on suggère de leur substituer des « travaux dirigés » en demi-classe.

Mais un an après la publication de ce rapport, qu'en ont retenu les décideurs ? Ce qu'ils ont voulu, c'est-à-dire pas grand-chose, et même parfois le contraire de ce qui avait été dit.

À une exception près cependant : la rénovation des établissements scolaires. Opération, il est vrai, engagée depuis longtemps par les collectivités locales, et que le colloque invitait à poursuivre pour répondre à la demande de confort exprimée unanimement par les élèves et les professeurs. Il était plus que temps de s'apercevoir que l'insonorisation des bâtiments, l'éclairage des salles, la superficie des centres de documentation et d'information, la fonctionnalité des self-services, la qualité des repas, le renouvellement des équipements sportifs, etc., concouraient à la qualité des études. Même si certaines mauvaises langues insinuent que les entreprises de travaux publics y trouvent leur compte, et que les attributions de marchés seraient loin d'être aussi transparentes qu'elles devraient l'être…

Pour le reste, on continue malheureusement à jouer au chat et à la souris.

Les épreuves du baccalauréat 1999 avaient-elles un caractère moins techniciste ? Pas le moins du monde, on l'a constaté.

Est-il question de renoncer à l'enseignement modulaire ? Pas du tout. Dans la réforme qui se met en place à la rentrée 1999, leur lourd dispositif est maintenu en l'état. S'y ajoute, en classe de seconde, une heure hebdomadaire de français et de mathématiques, destinée à un groupe de huit élèves qui suivront ainsi trois types de cours différents dans ces deux matières. Quant aux travaux dirigés souhaités par les enseignants, ils passent à la trappe !

L'invitation à un « retour à l'essentiel » semble, quant à elle, s'être perdue dans les sables puisque le choix des options s'élargit encore dans le projet de « lycée pour l'an 2000 » et que l'on entend dire qu'il faudrait inscrire une troisième langue vivante à l'emploi du temps des élèves. Sans parler des nouvelles plages consacrées à la vie lycéenne, à l'instruction civique et à la morale citoyenne qui empiètent sur l'horaire dévolu aux matières « fondamentales », le français et les mathématiques.

Par ailleurs, les « attentes » formulées par les élèves ont-elles été entendues ?

Une demande massive d'accompagnement s'exprimait dans les questionnaires qu'ils ont remplis. En a-t-on déduit qu'il fallait moins d'élèves par classe, et surtout moins d'élèves par professeur pour permettre à ce dernier d'être plus disponible et attentif à chacun d'eux ? Non.

Les élèves souhaitaient, « en liaison avec l'effritement, voire l'effondrement, des structures traditionnelles de socialisation », des apprentissages « éloignés des programmes scolaires : secourisme, bricolage, cuisine, psychologie, jardinage, puériculture, conduite automobile, etc. » A-t-on envisagé d'ouvrir dans les établissements de véritables foyers socio-éducatifs, dotés de moyens en matériel et en personnel ? Non plus.

On a répondu à leur demande par la mise en place d'un conseil de vie lycéenne (CVL) aux attributions dérisoires, où siégeront leurs représentants, et par l'introduction, dans les emplois du temps déjà très chargés, d'une heure de « vie de classe » destinée à des débats ou des animations.

« [Les élèves] ne veulent pas passer moins de temps [au lycée] ou y travailler moins mais avoir moins de cours et des emplois du temps plus équilibrés », notait le rapport. A-t-on réfléchi à un allégement des emplois du temps ? Non. Nous voyons même que ceux-ci risquent de s'alourdir davantage.

En revanche, à côté de ces demi-refus, quelques idées sont reprises au bond. 19 % des élèves consultés souhaitent une initiation au droit : on se dit prêt à la délivrer à l'ensemble des lycéens.

À l'unanimité, ils manifestent le désir de s'initier à l'informatique : on promet d'accélérer l'équipement des établissements en ordinateurs. Comment, en effet, pourrait-on passer à côté de la « révolution » du multimédia et des « nouvelles techniques de l'information » (les fameuses NTI) ?

Un an après la publication du rapport sur la consultation nationale, le *Magazine de l'Éducation nationale, de la Recherche et de la Technologie*, dans son numéro de juin 1998, fait paraître un article intitulé : « Nouvelles technologies – 500 millions de francs pour l'équipement des établissements scolaires. »

« La France, dit cet article, doit se mettre au niveau de ses homologues européens ou américains [...]. Complément naturel d'une politique d'infrastructure, un important programme de développement de produits à l'école est entrepris [...], concrétisé par des mesures destinées à faire émerger une industrie éducative du multimédia. »

Nécessité pédagogique ou signe fort en direction du marché ? On peut s'interroger, sans être particulièrement soupçonneux, sur la logique qui préside à la marche des réformes dans ce domaine particulier.

En 1996, un rapport du Groupe de réflexion sur l'éducation et la formation de la Commission européenne énonçait clairement les raisons de ce choix : « On peut douter que notre continent tienne la place industrielle qui lui revient sur ce nouveau marché si nos systèmes éducatifs et de formation ne suivent pas rapidement. Le développement, dans un contexte de forte concurrence internationale, nécessite que les effets d'échelle puissent jouer à plein. Si le monde de l'éducation et de la formation ne les utilise pas, le marché européen deviendra trop tard un marché de masse. »

Quels miracles attendre de l'informatique ? En termes de savoir, pas grand-chose. La pratique du traitement de texte dématérialise encore un peu plus le langage : tout s'efface sur l'ordinateur. Et les correcteurs orthographiques ne remplacent pas, loin de là, l'utilisation d'un bon dictionnaire. Quant à la recherche d'informations sur cédérom, elle donne l'illusion à l'élève de s'approprier un savoir, alors qu'il se contente, la plupart du temps, d'en découvrir le chemin d'accès : satisfait d'avoir trouvé une source, d'imprimer la documentation et de la présenter au professeur, parfois sans même l'avoir lue, il sera scandalisé si le précieux document ne suffit pas à lui faire obtenir une bonne note.

Les doutes qui s'expriment ici et là sur les bénéfices à attendre pour les élèves de l'introduction massive de l'informatique à l'école n'ont pas atteint la ministre déléguée, chargée de la réforme des collèges... Elle souhaite, « en liaison avec les conseils régionaux, accélérer l'équipement informatique des établissements pour que chaque élève ait effectivement accès à ces technologies et que toutes les disciplines en fassent le levier de leurs apprentissages ».

Le projet de rénovation du « maillon faible » de l'enseignement secondaire pose d'ailleurs bien d'autres problèmes. Moins prudente que Claude Allègre, dont les propositions pour le lycée restent, on l'a vu, limitées et même largement en retrait de ce que l'on avait pu espérer ou craindre, la ministre déléguée affiche une grande ambition pour le collège : en faire une « maison » pour les E.T. dont nous parlions en commençant ce chapitre, y opérer « une mutation » « pour tous et pour chacun ».

Un certain nombre de nouveautés sont ainsi introduites au sein des collèges. Un « professeur coordonnateur » est désigné à chaque niveau pour servir de relais entre les diverses personnes intervenant dans « la communauté éducative » : emplois jeunes, surveillants, tuteurs...

Le « tuteur » devra établir avec « l'enfant ou l'adolescent [...] une relation privilégiée » et faire « le lien avec la famille, le professeur principal ainsi qu'avec toute l'équipe pluriprofessionnelle de l'établissement ». Il partagera donc ce rôle avec le professeur principal qui reste un intermédiaire entre les enseignants, l'administration, les élèves et les parents. À chacun de trouver ses marques…

Une heure tous les quinze jours est consacrée à « la vie de classe ». « L'organisation de cette heure est confiée au professeur principal, avec la possibilité d'intervention d'autres adultes. » Objectifs affichés : le dialogue, le traitement de « questions qui ne peuvent trouver leur place dans les cours – problème d'actualité, de société, de citoyenneté, de vie du collège ». Il peut y être débattu de l'orientation, du règlement intérieur, de la prévention de la violence, etc.

Dans ce cadre, la formation des délégués des élèves doit s'appuyer sur « un apprentissage actif de la responsabilité et de la citoyenneté ».

Enfin, une salle baptisée « lieu d'écoute » est réservée aux membres de l'équipe éducative pour recevoir les élèves, individuellement ou collectivement. Certains trouveront peut-être que ces « lieux d'écoute » ressemblent à un confessionnal. Dieu seul sait quelles incriminations, quelles plaintes ou quels repentirs seront formulés entre ces murs et n'en devront pas sortir.

Difficile dans ces conditions aux collégiens d'échapper à la vigilance des uns ou des autres. Les voilà repris en main, ou pris par la main, comme on voudra. Les parents seront sans doute rassurés de savoir leur progéniture encadrée par une ribambelle d'adultes.

Il y aura sans doute quelques esprits chagrins – à tort ou à raison – pour se demander si, avec cette gravitation d'adultes-référents et d'adultes-tuteurs en orbite autour des élèves, on ne serait pas en train de glisser insensiblement du concept de « l'élève au centre » à celui de l'élève « encerclé ».

On peut s'étonner cependant qu'il ne soit pas question d'assurer une présence adulte dans les cours de récréation et les couloirs, de plus en plus laissés sans surveillance. Accaparés par la « paperasse », la collecte des billets d'absence, leur traitement informatique, l'envoi de lettres aux parents, les rares surveillants ne suffisent plus à cette tâche qui était, il n'y a pas si longtemps encore, leur raison d'être. Dans beaucoup d'établissements, les salles de permanence ne sont plus que très épisodiquement surveillées. Si un enseignant cherche quelqu'un pour assurer la garde d'une classe en devoir pendant qu'il donne un autre cours, il ne pourra compter, en général, que sur un collègue disponible et dévoué. Le suivi individualisé des élèves pourra-t-il s'accommoder de la quasi-disparition des structures d'encadrement collectif, nécessaires, entre autres, à la sécurité des établissements ?

Plus fondamentalement, ces mesures ne relèvent-elles pas d'une dérive déjà signalée ? La mise en garde exprimée par le rapport Ferrier à propos de l'école primaire risque de s'appliquer demain à la maison-collège de Ségolène Royal : « L'École dérive : ici ou là le temps des apprentissages est érodé par le laxisme de l'organisation, des disciplines sont abandonnées, les adultes sont de plus en plus nombreux dans l'école, ce qui ne rend pas facile la structuration des repères et des savoirs… Le scolaire se dilue dans le social, voire le récréatif. » Ce rapport dénonçait aussi les « délégations abusives de compétences faites à des intervenants extérieurs » dont l'utilité peut paraître souvent discutable.

On risque en outre de négliger les besoins urgents : l'organisation d'un enseignement suffisamment cohérent et sérieusement repensé pour assurer une formation de base unifiée et exigeante, incluant non le pianotage sur un clavier d'ordinateur mais une véritable culture technique.

Le même projet prévoit certes la réalisation de « travaux croisés », projets pluridisciplinaires valorisants et formateurs, prolongeant et systématisant les « parcours diversifiés » expérimentés en cinquième. Il s'agira, pour chaque collégien, « de mener à bien une production (artistique, scientifique, etc.) […]. Son chef-d'œuvre, en quelque sorte, réalisé avec l'aide d'enseignants des diverses disciplines concernées, dont la notation sera, à terme, prise en compte dans les épreuves du diplôme national du brevet ».

Mais, disons-le, ce projet « transdisciplinaire » n'est qu'un moyen de donner un semblant de sens à un enseignement toujours aussi incohérent, de donner l'illusion aux professeurs et aux élèves que l'on suit « un fil », que l'on va « quelque part ». La transdisciplinarité et autres pratiques pédagogiques dites transversales, c'est l'excipient qui fait passer la potion amère des savoirs. Autrement dit, du sirop.

Les parcours « diversifiés » s'appuieront-ils sur la mise en place d'un véritable enseignement technique, concret, pour tous, permettant aux élèves que l'on dit « manuels » de faire valoir leurs qualités ? Un passage du plan de réforme pour les collèges n'est pas de nature à nous éclairer sur ce point : « Les compétences des élèves sont loin d'être toutes prises en compte, leurs progressions apparaissent peu. C'est pourquoi j'ai décidé [...] une modification du bulletin trimestriel. La création d'un livret de compétences [1], en complément, doit permettre une mise en valeur plus équitable des différents talents que tout élève manifeste dans la vie au collège et une appréciation plus juste de l'ensemble de ses capacités. »

L'idée n'est pas nouvelle. Elle fait son chemin. Déjà dans certains cours de technologie, les élèves doivent indiquer dans un tableau de compétences « ce qu'ils savent faire » et « ce qu'ils ne savent pas faire ». Quel bénéfice peuvent-ils en tirer ? Dans l'exemple de la page suivante, en fait de compétences techniques, l'élève aura dû utiliser une paire de ciseaux et un tube de colle ! Mais peut-être nous trompons-nous sur le sens à donner au mot « compétence », mot décidément à la mode, qui ne cesse de revenir dans tous les textes officiels consacrés à l'éducation.

Qu'il s'agisse de la « maison-collège » ou du « lycée du XXIe siècle », deux constatations s'imposent.

Premièrement, la fonction éducative semble ne plus pouvoir se passer d'un rapport fondé sur l'affectif et le relationnel. L'échec scolaire serait la conséquence d'un mauvais « dialogue ». Il sera battu en brèche par des « commissions d'écoute » capables de synthétiser

1. Le rapport Fauroux, commandé par François Bayrou en 1986, conseillait déjà, à l'instar de ce qui se passe en Grande-Bretagne, d'établir d'un référentiel national des compétences, par rapport auquel on pourrait classer les élèves.

2106

PROJET: Le Calendrier.	COMMERCIALISATION
	Fiche élève 6ème A

Compétence(s) développée(s): - Rechercher, décoder pour un produit donné, une documentation produit diversifiée.

TRAVAIL

Prendre l'annexe concernant l'étiquette de la bouteille de Coca-Cola, ou une étiquette réelle, découper les informations, les coller ci-dessous en inscrivant les numéros de repères correspondants.

DENOMINATION	Repère	EXEMPLE
Nom du produit	1	
Nom du fabricant	2	
Adresse du fabricant et/ou d'un service du consommateur	3	
Pays d'origine	4	
Photo ou dessin	5	
Composition	6	
Mode d'emploi	7	
Conseils	8	
Dimensions, poids, volume, durée	9	
Référence à des normes	10	
Date de fabrication	11	
Date de péremption	12	
Valeur énergétique	13	
Entretien	14	
Mode de conservation	15	
Garantie	16	
Promotion, prix	17	
Symbolisation, Gencod	18	
Logo	19	
Autres...	20	

Un exemple de mise en œuvre d'une « compétence » technique...

angoisses, rébellion et culpabilité des élèves en difficulté. On va réveiller le psychothérapeute qui sommeille en chacune des personnes chargées d'encadrer les jeunes... à défaut de véritables structures médico-sociales, de surveillants, de suivi parental, etc. C'est bien connu, quand on a des problèmes, en parler est un premier pas pour les résoudre.

Deuxièmement, l'école se voit assigner une multiplicité de tâches qui devraient revenir à des structures parallèles en dépérissement. Au point que l'on peut se demander si les professeurs auront encore le loisir d'enseigner.

Le collège et le lycée semblent promis à devenir de curieux « lieux de vie ». La confusion s'installe entre les rôles respectifs des membres de la « communauté éducative ». La multiplicité des missions confiées à cette école « à tout faire » brouille les cartes et rend plus difficile encore la mise en place de repères intelligibles pour les jeunes.

Dans son rapport, l'Inspection générale de l'Éducation nationale rappelle que l'école n'est pas « la cité », pour ensuite écrire, sans crainte de se contredire, qu'elle est « une petite cité ». Nous comprenons bien ce que l'on veut ainsi signifier : à l'école, désormais, d'enseigner la civilité, le rôle des élections, le fonctionnement des institutions, la déontologie, le sens éthique, la responsabilité citoyenne, toutes choses allègrement bafouées dans la vraie cité.

De la même façon, il faudrait que l'école combatte le « consumérisme » des jeunes alors que la société de consommation impose partout ses lois. Il faudrait que l'école redresse préventivement ce que la société tord.

À vouloir ainsi enseigner la morale, citoyenne ou pas, au lieu d'initier à l'esprit critique, ce qui est son rôle fondamental, il est à craindre que l'école ne forme que des cyniques au petit pied. Marcel Pagnol n'avait-il pas, en son temps, brocardé dans *Topaze* cette chimère pédagogique qu'est l'enseignement moralisant de la morale ?

Autre objectif assigné à l'école, notamment dans le projet de collège de Ségolène Royal : l'éducation « à la santé et à la sexualité ». Point commun entre ces deux thèmes ? Le sida et l'augmentation des grossesses précoces chez des adolescentes, de plus en plus nombreuses à demander une IVG. Il convient donc « d'aider les jeunes à faire des choix conscients, de prévenir les conduites à risque » et de « renforcer la politique de prévention dans le domaine de la santé des jeunes ». À cet effet, il est prévu que soit distribuée dans tous les établissements « une mallette pédagogique ». La pédagogie dorénavant distribuée en kit trouve, on le voit, partout où se nicher. Plus sérieusement : si l'on demande à la communauté enseignante de prendre en charge des problèmes sanitaires, n'est-ce pas parce que la médecine scolaire n'a plus les moyens d'une action efficace en termes de prévention et de santé publique ? Dans bien des établissements, la permanence de l'infirmière n'est assurée que deux jours par semaine. Advienne que pourra les autres jours. Il arrive couramment que des séances d'initiation à l'utilisation du préservatif soient organisées avec les moyens du bord : une chaise est renversée sur le bureau du professeur, puis, devant ses camarades intéressés et narquois, un volontaire est invité à dérouler le préservatif sur l'un des pieds du siège.

L'éducation sexuelle ne serait-elle pas davantage à sa place et sans doute mieux assurée dans la confidentialité d'entretiens réguliers avec un médecin ?

Après la prévention en matière de santé, passons à la défense nationale. Le service militaire ayant été supprimé, l'école est appelée à la rescousse pour le remplacer. Le *Bulletin officiel* du 6 août 1998 définit cette énième mission. Toutes les disciplines sont concernées, de l'histoire à la philosophie, en passant par le français ou les sciences économiques et sociales, pour « sensibiliser la jeunesse à son devoir de défense ». Au programme : étude des guerres, réflexion sur la notion d'État, rôle des organismes non gouvernementaux. Chaque enseignant se prépare à animer, dès la prochaine rentrée, la « journée citoyenne nationale » : un grand moment de démocratie qui permettra, sous la houlette de tous les personnels de l'éducation, d'élire les élèves délégués au « conseil de vie lycéenne » (CVL).

Tout cela laisse une curieuse impression d'inachevé et d'improvisation…

Ce sentiment se confirmera-t-il ou s'infirmera-t-il lorsque les dispositions annoncées commenceront à prendre effet ?

Les enseignant sont habitués depuis des lustres à entendre les litanies sur l'impossibilité de réformer le « mammouth ». Ces « demi-mesures » prises dans l'urgence ne sont guère de nature à faire taire les sceptiques.

Dans son livre, *La République inachevée* [1], Edwy Plenel écrit : « Il ne suffit pas de répéter que l'école doit instruire, transmettre des savoirs. Encore faut-il préciser comment elle le fera en formant des hommes qui ne croient pas seulement à la concurrence, à l'individualisme, et à l'argent. » Mais qui répète que les savoirs doivent être au centre de l'école ? Sur ce point, le silence des « réformateurs » est éloquent et leurs atermoiements ne le sont pas moins. La *Lettre du XXIe siècle* envoyée le 5 août 1999 à tous les professeurs de lycée repousse la mise en place des nouveaux programmes à la rentrée 2000, voire 2001, le temps, comme le prévoit la loi de 1989, « de former les enseignants » à leur application. D'ici là, l'eau aura coulé sous les ponts…

Savent-ils d'ailleurs, ces réformateurs, quelle école ils veulent construire et quelle jeunesse ils entendent faire entrer dans l'avenir radieux du XXIe siècle ?

Certes « la concurrence, l'individualisme et l'argent » imprègnent les mentalités, comme le souligne Edwy Plenel.

Mais dans les faits, est-ce une réussite rapide et une ascension sociale fulgurante qui attendent des millions d'élèves mal instruits et mal formés ? Plutôt la précarité et la recherche incessante d'emplois mal payés. Les emplois de l'avenir… ?

---

1. Livre de Poche, « Biblio essais », 1999.

Un monde incertain

Le « monde bouge », « l'avenir est incertain », le « monde est en changement constant », en « perpétuel changement », « il est difficile de se projeter dans l'avenir », « l'évolution a accru l'incertitude »...

Politiques et technocrates nous rebattent les oreilles avec l'incertitude de l'avenir, comme si l'avenir n'était pas, par définition, imprévisible.

Extraites du projet de collège de Ségolène Royal, du rapport Pair et du Livre blanc sur l'éducation[1] de la Commission européenne, publié en 1995, ces citations participent d'un même millénarisme menaçant quelque peu ridicule.

Chez d'autres la menace est moins voilée : « Une personne qui n'a pas de projet est marginalisée. Le "sans-projet" n'a pas sa place dans notre société[2]. »

Pourquoi donc ces vaticinations inquiétantes ?

Est-il donc si difficile de réinsuffler à l'enseignement un peu de vitalité ?

Sans prétendre apporter des solutions, indiquons quelques pistes...

---

1. Livre blanc sur l'éducation et la formation – dit proposition Delors. *Enseigner et apprendre. Vers la société cognitive*, 1995.

2. M. Hervé Giraudeau, inspecteur de l'information et de l'orientation. Dossier orientation/insertion : éléments de réflexion. SAIO, académie de Nantes, 1994.

En premier lieu, il faut cesser d'annoncer réforme sur réforme pour n'accoucher, au bout du compte, que de deux ou trois nouveaux dispositifs mal fichus. Inutile aussi de s'emparer de tous les gadgets dans l'air du temps. Hier, on ne jurait que par l'enseignement par l'image, et l'on installait dans chaque salle de classe des téléviseurs invisibles à partir du troisième rang. Aujourd'hui, c'est au tour de l'informatique. On équipe à grands frais des salles « multimédia » auxquelles les élèves n'auront accès au maximum qu'une heure par trimestre.

En revanche, on continue de faire asseoir des gaillards d'un mètre quatre-vingts et plus devant des tables sous lesquelles ils ne parviennent pas à caser leurs jambes et dont la superficie équivaut à celle de deux feuilles de papier A4 ! Au plus vite, donnez-leur, s'il vous plaît, de quoi s'asseoir et travailler confortablement ! Voilà qui, mieux que tous les projets de réforme, témoignerait au moins d'une prise en compte des vrais problèmes.

D'autres mesures s'imposent de façon urgente.

Limiter progressivement le nombre d'élèves confiés à chaque professeur à soixante-dix, soit deux classes. Tous les dispositifs sur l'aide individualisée et la pédagogie différenciée échoueront à moins de cela. La vieille revendication du vingt-cinq élèves par classe n'a guère de sens dès lors que le nombre de classes par professeur peut aller jusqu'à cinq, voire six ou sept dans certaines disciplines, c'est-à-dire jusqu'à cent vingt, cent cinquante, cent quatre-vingts élèves.

Faire de la culture technique une composante à part entière de la culture générale. Cette réforme attend d'être mise en place depuis la Libération. Elle permettrait notamment de s'appuyer sur l'intelligence concrète et de valoriser les qualités « manuelles » de tous ceux qu'un enseignement abstrait met en difficulté. Elle est la seule à pouvoir éviter que la démocratisation ne produise de l'échec scolaire et de la sélection par l'échec. À défaut, les discours sur l'égalité des chances resteront lettre morte.

Repenser l'orientation des élèves en la fondant sur

l'obligation de résultats. Renoncer au passage d'office dans la classe supérieure.

Recentrer l'enseignement sur les matières fondamentales et réduire l'offre d'options.

Arrêter, enfin, de faire croire que les déficiences de l'enseignement seront résolues par la pédagogie. Il y a, parmi les enseignants, d'excellents pédagogues qui font des merveilles, qui se sortent et sortent leurs élèves de situations aussi périlleuses qu'acrobatiques. L'hommage que l'on doit leur rendre ne peut cependant masquer l'invraisemblance et donc l'absurdité qu'il y aurait à prétendre que tous les enseignants peuvent être des pédagogues hors pair. On peut exiger et attendre de tous les professeurs qu'ils maîtrisent leur discipline, qu'ils respectent le programme et sachent définir les exercices nécessaires à la progression de leurs élèves. Pas qu'ils soient des animateurs. Envoyer de jeunes collègues, après un passage « édifiant » dans les IUFM, pratiquer la « pédagogie » sur le terrain, revient à les envoyer au casse-pipe. Un « mauvais » professeur fait encore œuvre utile ; des milliers de mauvais « pédagogues » pourraient bien laisser un champ de ruines.

Comment croire que ces quelques pistes ont pu échapper à la clairvoyance de nos réformateurs ? En fait, ceux-ci veulent-ils vraiment rebâtir l'école ? Est-ce que, après tout, la raréfaction du travail ne s'accommoderait pas d'une paupérisation des connaissances et donc d'une école au rabais. C'est la thèse développée par Jean-Claude Michéa, dans *L'Enseignement de l'ignorance* [1], paru en mai 1999. Ce philosophe « orwellien » rappelle qu'« en septembre 1995, sous l'égide de la fondation Gorbatchev, cinq cents hommes politiques, leaders économiques et scientifiques de premier plan s'étaient réunis pour réfléchir à cet épineux problème : "Dans le siècle à venir, deux dixièmes de la population active suffiraient à maintenir l'activité de l'économie mondiale." »

Comme en écho, le rapport de l'Organisation de coopération et de développement économique (OCDE), intitulé

1. Jean-Claude Michéa, *L'Enseignement de l'ignorance*, Climats, 1999.

Analyse des politiques nationales d'éducation (1998), note que « la mondialisation [...] rend obsolète, selon certains, l'institution implantée localement et ancrée dans une culture déterminée que l'on appelle l'école, et en même temps qu'elle, l'enseignant ».

Quel crédit accorder à ces « prophètes de malheur » ? Espérons aucun. Toutefois, il est des interrogations difficiles à faire taire, lorsqu'on lit certains textes émanant de grands organismes publics sur la question de l'école.

Dans la brochure du SAIO [1] (déjà largement citée), publiée en 1994 sous le patronage de Jean-Claude Maestre, recteur de l'académie de Nantes, voici ce que l'on pouvait lire : « L'apparition, de façon complémentaire mais impérative, *des qualités, compétences personnelles ou savoir-être*, à côté du savoir ne peut plus être niée. Cette approche qualitative de la qualification personnelle influe sans doute largement sur les aspects quantitatifs. Dès lors, le système éducatif devra s'interroger sur sa capacité à développer l'adaptabilité, lui qui est habitué à former à des savoirs. À quel prix et jusqu'où ? »

L'auteur de l'article se garde bien de répondre à cette dernière question. Il a au moins le mérite de la poser. Cinq ans plus tard, le discours sur les « compétences » s'impose dans la pédagogie, tandis que le rôle et le contenu des « savoirs » n'ont jamais été redéfinis.

L'idée que le baccalauréat pourrait être avantageusement remplacé par un « carnet de compétences » peut-elle être exclue ? L'entrée sur le marché de l'emploi ressemblerait alors à un franchissement de frontière. Au lieu de son diplôme, on y présenterait ses « papiers », sur lesquels seraient portées les mentions suivantes : sait être poli, s'intègre facilement à une équipe, a été initié à Word 97, maîtrise convenablement l'anglais international.

Vision de cauchemar ? Voici ce que l'on peut lire dans le rapport Pair : « Avec la crise, pour favoriser la compétition économique et lutter contre le chômage, la formation (et le

---

1. SAIO, dossier orientation/insertion : éléments de réflexion, *op. cit.*

savoir-faire) vont venir au premier plan, l'instruction et l'éducation étant considérées comme des moyens. »

Ce même rapport propose de mettre fin au « moratoire sur les suppressions des écoles rurales mis en place en 1993 », c'est-à-dire, ni plus ni moins, de fermer les six mille écoles rurales de moins de trois classes qui subsistent aujourd'hui. Dans le même temps, M. Pair propose de recruter pour gérer les nouveaux établissements où seront regroupées les anciennes écoles dix mille fonctionnaires supplémentaires.

Certes, les propositions d'un rapporteur n'engagent pas le ministre qui les consulte pour information.

Quelques mois après la réception du rapport Pair, Claude Allègre a d'ailleurs adressé une lettre à tous les enseignants :

« L'Éducation nationale ne pourra répondre pleinement aux défis de la société moderne que si elle sait se réformer en laissant plus de place à tous ses acteurs, en décentralisant les lieux de décisions, en mettant fin à des réflexes bureaucratiques hérités d'un autre temps. » (5 juin 1998.)

Qui croire ?

Le débat sur l'école n'est pas terminé et nous n'avons jamais eu l'ambition de le clore.

Il reste que les logiques contradictoires qui se sont mises en place depuis dix ans se combattent et s'affrontent sans cesse, mettant en péril l'enseignement des enfants et les enseignants eux-mêmes dont la lassitude est un des éléments que devraient prendre en compte les idéologues de tout poil.

Si l'école va si mal, c'est qu'elle est devenue un enjeu non pas de société mais entre des intérêts opposés et des chapelles. On se canarde dans les coins pendant qu'élèves et professeurs baissent la tête. Ne faisons pas de l'angélisme : ce conflit a toujours existé mais jadis c'était une guerre ouverte.

Le « politiquement correct » a changé les méthodes. On se bat aujourd'hui à coups de slogans, en poussant les gosses en avant et en désignant le cas échéant les enseignants comme boucs émissaires : un ministre – maladroit ou mal informé – dénonce leur absentéisme ; la rumeur se répand que des correcteurs du baccalauréat ont traîné les pieds pour faire passer un oral d'histoire-géographie, dans une série où le coefficient a été tellement minoré qu'il est devenu insignifiant.

Des sociologues voient dans ces reproches l'expression d'un « malentendu » entre l'école et les parents, et plus largement entre l'école et l'opinion publique. Allons bon ! Il n'y a pas le moindre « malentendu » ! En revanche, il existe chez tous les parents un malaise profond né du fait que l'emploi n'est plus au rendez-vous, quoi que fasse l'école. Quant aux enseignants, leurs interrogations sont de plus en plus vives à propos des missions que l'on voudrait leur confier et dont ils doutent qu'elles aient encore à voir avec leur tâche essentielle, la transmission des connaissances.

Au reste, il est aisé de répondre à ces reproches récurrents.

Conservateurs, les enseignants ? À combien de réformes ont-ils dû s'adapter au cours des trente dernières années ? Ont-ils, oui ou non, réussi, quelque doute qu'ils aient eu sur la méthode, à conduire 80 % d'élèves au baccalauréat ?

Immobilistes ? N'ont-ils pas fait au contraire la démonstration de leur infinie souplesse en se pliant à toutes les modes pédagogiques, de la lecture dite globale aux mathématiques dites modernes et maintenant au modulaire ? Si quelque chose peut leur être reproché, c'est bien de ne pas être restés assez fermes sur ce qui fait leur seule légitimité, leur savoir disciplinaire et leurs exigences. Résultats : l'épuisement d'un grand nombre d'entre eux dans cette course sans but, l'usure du ressort inventif au cœur de toute vraie démarche enseignante, un scepticisme que l'on n'hésite pas, au demeurant, à leur reprocher.

Démissionnaires, les professeurs ? Est-il besoin de rappeler que dans les quartiers de « non-droit », où la police n'ose plus pénétrer, où les autobus sont lapidés, où les commerçants ont mis la clef sous la porte, où les services publics sont absents, l'école, le collège et le lycée sont restés ouverts. Certains professeurs sont condamnés à y faire cours, porte fermée à double tour, derrière des fenêtres grillagées, et à ne s'éclipser qu'à la nuit, quand les bandes d'enragés qui les assiègent, eux et leurs élèves, se sont enfin éloignées... Bienheureux si les pneus de leurs voitures n'ont pas été crevés.

Ces enseignants-là – nous en avons rencontré quelques-uns – ne sont nullement démissionnaires, même quand, lassés, certains mettent le cap vers des zones plus tranquilles.

Pas plus que nous, ils ne stigmatisent le « niveau » des élèves ou ne remettent en cause le principe de l'accès du plus grand nombre au savoir. Ni nostalgiques ni catastrophistes, ils auraient souhaité que l'aspiration démocratique à la culture ne soit pas dévoyée. Que l'on mesure mieux, dès le début, les difficultés prévisibles de ce grand œuvre, que l'on prenne le temps de repenser et non de bricoler les enseignements, d'élaborer une réflexion sur les contenus. Au lieu de quoi, ils ont eu bien souvent le sentiment, d'un gouvernement ou d'un ministre à l'autre, que c'était avant tout leur statut qui était menacé. La démagogie commandait d'obtenir par tous les moyens des réussites statistiques tandis que, dans leurs classes, ils devaient « faire avec » des élèves de moins en moins respectueux d'un savoir mal pensé, mal adapté et de surcroît discrédité depuis qu'il est devenu non-discriminant. Quand tout se vaut et que l'on a ses examens sans travailler, pourquoi respecter son professeur et le savoir qu'il incarne ?

Est-il excessif de penser que dans la « déconstruction du lien social », l'école a sa part de responsabilité ? Premier lieu de socialisation, elle a manqué à son devoir : faire le lien entre l'élève et le savoir.

S'agissant de l'Éducation nationale, ne résistons pas, tel Claude Allègre naguère, au plaisir de filer la métaphore animalière. Mais plutôt qu'au mammouth, c'est à la baleine, sympathique mammifère de haute mer, que nous préférons l'identifier. Contrairement à la pesanteur du premier, qui en fit la victime désignée des grandes glaciations, la seconde manifeste une agilité étonnante pour sa masse, tient le flot même par gros temps et trace sa route quels que soient les courants contraires.

Or, en dépit de sa tenace réputation d'immobilisme, c'est bien ce que fait l'institution scolaire depuis trente ans, en s'adaptant vaille que vaille aux orientations qui lui ont été données et en réussissant tant bien que mal à conduire près de 70 % des jeunes aux portes de l'enseignement supérieur.

Certes, elle vogue la baleine. Toutefois, nous qui sommes dans son ventre, nous vous disons : méfiez-vous, elle a l'air débonnaire, mais souvenez-vous de cette vieille chanson de marin :

Prenez garde à la baleine, car elle mange, la baleine,
les harengs, les merlans… et les p'tits enfants.

Épilogue : paroles de profs

Laissons, pour conclure, la parole à quelques-uns de nos collègues, professeurs, chefs d'établissement, instituteurs à qui nous avons demandé de nous confier leurs réflexions sur l'École aujourd'hui.

Ces témoignages offrent chacun leur éclairage personnel sur la situation actuelle des enseignants et de l'enseignement. Ils ont été recueillis à l'issue du baccalauréat 1999, soit dix ans après la loi d'orientation de 1989 et presque un an après la consultation sur les savoirs au lycée, dite consultation Meirieu. À cette date, les projets de lycée et de collège pour le XXIe siècle avaient été rendus publics.

Un professeur de lettres classiques

Rien dans l'enseignement actuel de l'histoire ou de la littérature ne permet à un élève de situer tel ou tel phénomène dans l'échelle du temps. La mode est aux flashes. En histoire, par exemple, les élèves auront parlé de la Révolution française pendant plusieurs semaines. Puis plus rien, ou si peu de chose avant d'aborder la guerre de 1914-1918. En lettres, on focalise l'attention des élèves sur un auteur, un groupement de textes, mais on n'accorde pas de temps et de place à l'histoire littéraire. De plus, l'étude des textes cède de plus en plus le pas à la méthodologie ou à l'expression orale. On n'explique pas un texte, on explique comment l'expliquer.

La culture est réduite à la portion congrue. La tendance générale est au zapping.

En voici une brève illustration : à l'occasion d'un bac blanc en avril 1998, *toutes* les copies faisaient référence au film *Titanic*. Six mois plus tard, un sondage parmi les mêmes élèves révélait que seulement 15 % d'entre eux considéraient que ce film avait marqué le cinéma de ces deux dernières années.

Pour constituer une culture, il faut une stratification des connaissances. Or, on assiste à leur effacement, chaque soir devant les écrans de télévision.

Du coup, il ne faut pas se faire beaucoup d'illusions. Il est bien difficile de motiver les élèves pour des spectacles ou une sortie au centre culturel local. On ne parviendra à convaincre, la plupart du temps, que ceux qui bénéficient d'un environnement familial « porteur ». Dans les conditions actuelles de l'enseignement, l'ouverture du plus grand nombre sur la création et la culture demeure un mythe, entretenu par les sociologues et les politiques.

Subsiste cette impression amère que la culture est cantonnée dans un secteur limité, en l'occurrence l'école, où elle n'est ni comprise ni assimilée. Jamais elle ne déborde là où elle devrait être : dans la vie quotidienne. Entre le réel, la vie et l'école, les ponts sont coupés.

On suit des cours de français comme on jouerait à la marelle. Il ne s'agit plus que de sauter de case en case : certains élèves de terminale ne voulaient plus entendre parler de Rousseau pour l'avoir déjà « étudié » en classe de première. Rousseau ? Classé, usé, rejeté !

De nombreuses communes financent les manuels scolaires. C'est sans doute une bonne action à destination des moins fortunés. Revers de la médaille : cela conforte certains élèves dans l'habitude de jeter après usage : en même temps que l'on rend le livre, on vidange son esprit, et on passe à autre chose.

UN PROFESSEUR DE MATHÉMATIQUES

Le rapport des élèves au travail a beaucoup changé. Globalement, on constate une fuite devant la réflexion. Ils réclament des recettes.

Sommes-nous entrés dans l'ère du prêt-à-penser ? Assiste-t-on à un laisser-aller général ?

Nous avons rencontré de nombreux élèves de terminale au café les derniers jours précédant l'examen. Autrefois, même les plus paresseux tentaient, à ce moment ultime, un effort désespéré.

Leurs cahiers de textes sont souvent vierges, ou couverts de dessins et de gribouillis. Il est relativement courant qu'ils ne prennent pas la peine de noter les exercices à faire pour le cours prochain. « Je demanderai à mon voisin », répondent-ils candidement si le professeur a l'idée de vérifier que les consignes ont bien été prises. À moins qu'ils ne les griffonnent sur des feuilles volantes, aussitôt perdues. Ce sera bien souvent l'excuse invoquée pour ne pas rendre un travail : « Je n'ai pas pu faire mon exercice parce que j'avais perdu le sujet. »

Quel fouillis dans les classeurs ! Au point que certains professeurs en viennent à exiger un cahier relié, même en dernière année de lycée. Que dire de l'autonomie dont les adolescents doivent faire l'apprentissage ? Leurs prises de notes sont maladroites, pour ne pas dire indigentes, et ils attendent la photocopie miracle, le résumé du cours qui les sauvera du vide.

La paresse s'étale et se revendique. Elle fait office de motivation. En quelques années, une inversion de tendance assez remarquable s'est opérée sous nos yeux. Il était jadis souvent impossible de convaincre un élève médiocre du bien-fondé d'une orientation dans une série préparant aux métiers du tertiaire. On voit à présent un assez grand nombre d'élèves choisir cette filière parce qu'elle est réputée réclamer moins d'effort. De la même manière, de plus en plus d'élèves, rebutés par le travail exigé dans une première scientifique, préfèrent redoubler dans une section moins ardue. Quoi qu'il en soit, on peut se demander si la logique des filières et des options doit être maintenue.

Bien sûr, on constate aussi l'inverse. C'est-à-dire des élèves qui s'arc-boutent dans des sections dont ils ne peuvent que très difficilement assumer les exigences. Cela n'est pas nouveau. Certains le font, contraints par leurs parents obstinés. Exemple : un élève voulait, après un an de seconde, s'orienter dans la voie professionnelle. Ses parents ont refusé. Il a redoublé sa seconde, en renâclant, toujours plus pénible et arrogant au fil des semaines. Aujourd'hui, ses parents s'opposent à nouveau à ce qu'il demande : une réorientation dans un lycée agricole. Le conseil de classe n'a pu que donner son aval pour un passage en première générale. Voilà une classe qui a des chances de mal fonctionner, car un seul élève bien déterminé à faire payer aux adultes, quels qu'ils soient, le prix de leurs incompréhensions, peut très facilement enrayer la machine. Et si, demain, ils sont des dizaines dans cette situation ?

UN PROFESSEUR D'HISTOIRE-GÉOGRAPHIE, PROFESSEUR PRINCIPAL D'UNE CLASSE DE SECONDE

En des temps pas si anciens, le professeur avait une véritable importance, un rôle reconnu. Il pouvait avoir du prestige. Quelquefois on l'admirait, ou même on l'aimait bien. Il recevait souvent des marques de reconnaissance, de la part d'anciens élèves ou au moment des adieux de fin d'année. Est-ce être nostalgique que de dire cela ?

La relation élève/professeur se détériore à très grande vitesse. Elle est de plus en plus vécue comme un rapport de client à fournisseur. Or, les élèves n'ont pas la même approche que nous de la prestation à fournir, de la fin ni des moyens.

« Pas rentable, donc sans intérêt » semble dire la grande majorité d'entre eux, dans un mouvement d'impatience et d'agacement. Le fossé se creuse. « Comment faire pour obtenir une note convenable sans trop de peine, passer dans la classe de son choix, se faire une place au soleil ? » Voilà leurs demandes, demandes qui se transforment vite en exigences. Attendrait-on du professeur qu'il fasse marcher le système, et rien de plus ? Les relations affectives ont disparu. Pourtant nous travaillons dans un établissement de petite taille (dans des bâtiments de caractère, anciens et bien entretenus, avec de grands tilleuls dans la cours de récréation). Nous sommes à l'abri du tumulte, très loin de ces zones de non-droit que montrent les reportages télévisés. Jadis, l'arrivée des grandes vacances s'accompagnait fréquemment de manifestations amicales : des petits cadeaux, quelquefois un bouquet pour les femmes, des « au revoir » gentils. Cette année, à quelques exceptions près, aucun adieu. Parfois, ce fut même la ruée vers la sortie, dans la bousculade entre les chaises renversées.

Un constat s'impose. Le contact entre les élèves et les adultes a bien du mal à s'établir. Plus un jour ne se passe sans qu'il soit émaillé par un incident ou un accrochage verbal. Les jeunes enseignants sont de plus en plus fragilisés. Une jeune professeur s'est fait traiter de « salope » par un élève qu'elle avait surpris à tricher. Il ne voyait même pas en quoi il avait été injurieux. « Ce n'est pas une insulte ! C'est comme ça qu'on parle entre nous. » Souvent, un menu reproche va provoquer l'étonnement, voire une réaction agressive. D'ailleurs, si quelqu'un bavarde, c'est que « le cours n'est pas intéressant ».

Bien des élèves ne perçoivent plus la distance qui les sépare des adultes en général, et de leurs professeurs en particulier.

Une enseignante de sciences de la vie et de la terre

Au baccalauréat scientifique, les épreuves sont pointues. D'un niveau scientifique incontestablement élevé. Autre chose sont les exigences. Le barème est, je ne dirai pas laxiste, mais « relaxe ». En fait, on exige des candidats qu'ils montrent en gros qu'ils ont compris. Et puis tout de même, je veux bien que l'on ne tienne pas trop compte de la forme, mais je ne m'habitue pas à voir mettre d'excellentes notes à des copies truffées de fautes. Cette année, j'ai compté dans une copie bien notée cinquante et une fautes de français en une seule page. Que restait-il à comprendre dans ce torchon ?

Le plus gros défaut de notre spécialité, tous les professeurs le disent, au niveau de la terminale, c'est de faire faire de la biologie de papier. Le programme tel qu'il est conçu ne laisse aucune place à l'expérimentation. Peut-on développer le sens de l'observation à partir de comptes rendus d'expériences, sans passer par la pratique ? Ce n'est pas trop grave pour ceux qui s'orienteront vers la biologie pure, mais pour les futurs vétérinaires ou les futurs médecins, cela pose un problème.

UNE ENSEIGNANTE EN LETTRES MODERNES

Comment caractériser les élèves que j'accueille en seconde aujourd'hui ? D'abord, je trouve que, de manière très générale, ils manquent de curiosité intellectuelle. La nécessité de se forger une culture doit leur être démontrée. On y parvient très difficilement. Ce qu'ils veulent, par exemple pour étudier les textes, ce sont des recettes. Quand ils les ont, ils les appliquent d'ailleurs à tort et à travers. Ce que vous leur avez dit de Rimbaud se retrouve, tel quel, appliqué à Ronsard. Si vous leur avez donné un exemple de démarche, ils sont incapables de la mettre en œuvre dans un contexte nouveau. L'étude des textes est un pensum, jamais un jeu de découverte.

En outre, ils ont beaucoup de mal à prendre de la distance, à se mettre à la place de l'autre, à comprendre un discours différent du leur. Signe le plus patent, ils ne s'écoutent pas entre eux.

En même temps, leur soumission aux codes ambiants, aux modes imposées par la télévision, à la publicité est catastrophique. Soumission également au discours professoral : tout ce qui est dit est noté tel quel, sans discussion, sans question. Passivité, attentisme, absence d'esprit critique, c'est le lot commun.

Du point de vue des connaissances et des capacités, ce qui me frappe le plus, c'est le manque de vocabulaire et l'indécision quant au sens des mots. Ils n'ont pas lu ou très peu, il leur manque des connaissances simples en histoire et en géographie. Et ne parlons pas de l'histoire littéraire ! Leur difficulté à mémoriser est considérable, leur capacité d'attention très limitée. On ne peut les tenir longtemps sur un sujet, sinon ils décrochent.

En BTS, où le programme comprend de la culture générale, on bute sur leur méconnaissance phénoménale de l'actualité et d'ailleurs sur leur désintérêt quant aux questions d'actualité. Ils ne lisent aucun journal, ne regardent même pas les informations télévisées. La lecture d'un article de presse demande des heures d'explication.

Un professeur de dessin industriel en section BTS

L'autonomie que prétendent apporter les nouvelles pédagogies aux élèves est un leurre. Ce que constatent tous les jours les professeurs, c'est bien l'absence totale d'autonomie, l'incapacité à mener à bien un projet sans une assistance de tous les instants, l'impossibilité de faire des choix et de prendre des décisions. Les étudiants en première année de BTS ne savent que reproduire des exercices. Ils ne sont pas capables de rassembler leurs connaissances, encore moins d'en faire la synthèse. En fin de compte, on a l'impression qu'ils savent tout et rien. Ils ont vu beaucoup de choses, mais ne maîtrisent rien. Il ne faut surtout pas leur demander d'analyse.

Cela vient de la conception de l'enseignement technique tel qu'il est pratiqué depuis quinze ans au lycée. Il y a eu une bifurcation nette à partir de 1985.

D'abord dans les mentalités. Le cours du professeur doit suffire à assurer la réussite. Il est un dû, au-delà duquel il n'y a rien. L'idée qu'un travail personnel est indispensable échappe à la plupart des étudiants. Les cours cessent le vendredi soir. Plus question d'ouvrir un livre chez soi ou de réfléchir à un problème non résolu. Le week-end, c'est pour les sorties et les copains. Retour le lundi matin. Parfois un peu plus tard, le temps de se remettre des excès de la veille.

Changement radical ensuite dans la manière de concevoir l'initiation aux techniques et aux technologies. Boutade classique : « Autrefois il fallait une tonne de ferraille pour un kilo de papier, aujourd'hui on consomme une tonne de papier pour usiner un kilo de ferraille. » Alors que les élèves auraient besoin de se confronter sans cesse au concret, les manipulations disparaissent progressivement. Le travail manuel n'est plus valorisé qu'à travers une production écrite. On remplit des fiches, on commente des schémas tout préparés. Sous la pression des consignes de nos inspecteurs !

Un grave problème se pose au sujet du dessin industriel. Très peu d'élèves, faute d'apprentissage et d'expérience, maîtrisent une vue dans l'espace et sont capables de représenter une pièce en trois dimensions. De la seconde à la terminale, les élèves n'auront, au mieux, pratiqué qu'une lecture de dessin. Ils ignorent tout de l'ébauche et de l'épure réalisées sur la planche. Quand on prétend qu'ils apprendront le dessin industriel en informatique, on trompe tout le monde. La taille de l'écran ne permet pas une visualisation correcte du travail en cours. L'ordinateur est utile lorsque l'on possède déjà bien son sujet. Il ne peut se substituer à l'œil et à la main.

Encore une fois, la charrue est mise avant les bœufs. C'est vrai dans tous les domaines. Les élèves ont tout vu, tout survolé en fait. Le malheur, c'est qu'ils pensent tout connaître et qu'il est bien difficile de revenir ensuite sur des règles qui ne sont pas réellement assimilées. Il devient très difficile de retenir leur attention pour cadrer et approfondir ce qu'ils ont déjà le sentiment de savoir.

L'enseignement technologique a bien changé. Autrefois, allaient en BTS des gens qui avaient des difficultés intellectuelles. Ils avaient du mal à conceptualiser, mais c'étaient des bosseurs. Aujourd'hui, ils n'ont pas le sens du travail et, en plus, ils manquent cruellement de culture technique. Le niveau actuel de qualification à l'issue d'un BTS correspond à celui d'un technicien de maintenance. Très peu pourront viser des postes à responsabilités. Nos étudiants n'ont pas le savoir d'un fraiseur-ajusteur d'il y a vingt ans.

Avec la multiplication des bacs professionnels, la situation se complique. Théoriquement, ils autorisent une poursuite d'étude dans le supérieur. Dans la réalité, on court à la catastrophe depuis dix ans. Les étudiants qui sortent du lycée professionnel ne sont pas à la hauteur et la plupart s'effondrent dès la première année de formation en BTS.

Dans l'industrie, la demande est pour l'instant satisfaite. Mais il faut s'attendre à de sérieux problèmes dans dix ans. Les formations dans certains secteurs se sont taries, faute de candidats. Par exemple, il y aura bientôt pénurie complète de personnels qualifiés, capables d'usiner des pièces un peu complexes. Ce sont les petites entreprises, piégées par la sous-traitance, qui seront les premières en difficulté.

Un professeur de génie mécanique

Au bac, voire aux examens de BTS, on ne leur demande plus rien. Enfin si. Seulement d'être capables de lire le sujet et de restituer les données déjà fournies.

Les exigences qui devraient être celles du BTS doivent être revues à la baisse étant donné les cours dispensés en lycée jusqu'en terminale. Les séries techniques ne sont plus que des séries « touche-à-tout ». Les élèves auront approché de loin le dessin, l'utilisation de certains logiciels, ils auront vu un peu de mécanique, un peu d'automatisme. Au bout du compte, ils ne maîtrisent rien.

Pour résumer : on complexifie tout ce qui est simple, on simplifie tout ce qui est compliqué. Du coup, en terminale, on « voit » le programme, en première année de BTS, on le fait. On peut parler d'une année perdue.

Plus grave, il faut bien constater que très peu d'élèves sont réellement motivés. Ils se trouvent dans une filière technique un peu par hasard, ou à la suite d'une orientation plus ou moins subie à cause de leur « niveau », ou pour faire « comme le copain ».

Ne nous faisons pas davantage d'illusions sur les élèves

qui ont suivi la filière scientifique avec option technologie (l'ancien bac E). Ce n'est, la plupart du temps, pas une section technique. Plutôt une fausse première scientifique pour des élèves « limite ». Ni de vrais « matheux », ni des passionnés de technologie.

UNE ENSEIGNANTE DE MATHÉMATIQUES EN TERMINALE S

Actuellement, en terminale scientifique, les classes regroupent des élèves de niveaux et de projets fort divers. Le professeur a donc de plus en plus de mal à gérer ce « grand écart ».

Être titulaire d'un bac scientifique n'implique pas que l'on ait un niveau suffisant pour aborder des études scientifiques dans le supérieur. Ce n'est pas toujours très clair, ni pour les élèves, ni pour les parents. De nombreux articles et ouvrages font état de ce problème.

J'ai été particulièrement frappée par un livre de Sylviane Gasquet, *L'Illusion mathématique* [1]. Je voudrais juste en lire l'introduction : « Y a-t-il des mathématiques aux "cours de maths" ou bien se contente-t-on de le faire croire aux élèves et à leurs familles comme l'illusionniste exhibant au public une boule ou une canne affranchies de toute pesanteur ? [...] Puisque tant d'étudiants ayant eu de bons résultats en maths au lycée échouent ensuite à l'université, n'est-ce pas parce qu'ils étaient seulement bons "en maths scolaires" et non en mathématiques ? [...] Pour vous convaincre que les maths scolaires sont proches de la publicité mensongère, il faudra que je vous montre la différence entre l'activité mathématique et les maths de la classe... »

Dans ma discipline, les exigences ont été revues à la baisse dans les années 1980, bien avant que la même chose ne se produise en physique. À « nouveaux élèves », « nouveaux programmes », s'est-on contenté de nous marteler. Au fil des réformes successives, le volume horaire

1. Sylviane Gasquet-More, *L'Illusion mathématique*, éditions Syros, 1997.

consacré aux mathématiques a été progressivement réduit en seconde.

Il n'y a pas longtemps, en salle des professeurs, je me demandais si on n'allait pas vers la disparition de ce qu'il y a de plus formateur en mathématiques, à savoir la maîtrise de la démonstration. Le proviseur m'a répondu que « c'était effectivement à craindre ».

Dans les programmes tels qu'ils sont définis depuis une vingtaine d'années, il est recommandé aux professeurs de faire découvrir toutes les notions par une pratique plus « expérimentale », recentrée sur des thèmes et des activités. Avec l'idée que les théorèmes, les définitions, les démonstrations doivent être le moins possible « assénés » aux élèves.

Objectif louable. Malheureusement, arrive une population de « nouveaux élèves » peu motivés, peu curieux et peu avides de connaissances. Ils demandent et consomment des recettes.

Au bout du compte, les activités de « découverte » s'arrêtent à l'objet dc la découverte et n'ouvrent guère sur une réelle maîtrise des connaissances. On s'enferme souvent dans un jeu de questions-réponses stérile et clos sur lui-même.

Au bac, les énoncés des questions contiennent en partie les réponses. Les éléments de la démarche, pour peu que celle-ci soit complexe, sont rappelés, ainsi que les formules de calcul nécessaires. Celui qui recopie correctement des éléments du sujet peut déjà obtenir des points.

Finalement, l'élève brillant en mathématiques n'est plus assuré d'avoir la meilleure note. Il aura tendance à ne pas justifier les évidences, alors que la commission des barèmes pousse à valoriser cette démarche. Ce même élève, par souci de rigueur, passera du temps sur des aspects dont le barème ne tient pas compte…

CONVERSATION AVEC UN COUPLE D'INSTITUTEURS À LA RETRAITE

– Sur quoi les instituteurs étaient-ils évalués ?

LUI. – Sur ce que savaient les élèves. L'inspecteur interrogeait, à tel moment de l'année, et vérifiait que les élèves avaient assimilé les notions prévues dans la progression à ce moment-là. Si cinq sur six étaient capables de répondre, vous étiez bon. S'il n'y en avait qu'un sur six, vous vous faisiez remonter les bretelles. En somme, vous étiez jugé sur la progression que vous aviez été capable d'assurer.

– Vos élèves savaient-ils tous lire en arrivant au CEP ?

LUI. – Évidemment ! Mais certains avaient appris en six mois. À d'autres, il avait fallu deux ans.

– Qu'est-ce qui vous choque le plus dans le discours actuel sur l'enseignement ?

ELLE. – Le fait que l'on parle plus de s'amuser que d'apprendre. D'abord, il a été question d'intéresser les élèves à apprendre, ce qui semblait normal, puis il a fallu apprendre en amusant, ensuite on a demandé à s'amuser pour apprendre, et enfin, c'était logique, on en est venu à s'amuser sans apprendre. Dans ma classe unique, j'avais l'habitude de faire écouter de la musique une heure par semaine. Certains écoutaient. À d'autres, que cela n'intéressait pas, je faisais faire du dessin. L'intérêt, c'est très variable.

– Quelles critiques feriez-vous de la manière dont fonctionne l'école ?

EN CHŒUR. – On n'apprend plus. Apprendre par cœur, c'est démodé et rébarbatif. Il s'est produit d'ailleurs une inversion significative entre le privé et le public. Autrefois, les gens se disaient : l'enseignement public enseigne, le privé fait la morale. Aujourd'hui, avec l'« éducation citoyenne » et le reste, c'est l'inverse.

LUI. – Et puis toutes ces méthodes ! On a connu la méthode globale, puis les mathématiques modernes. Pour l'apprentissage de la lecture, on a continué à faire de la syllabique. En mathématiques, on a essayé de s'adapter. Les plus jeunes, parce que les vieux s'en foutaient royalement ! Les volontaires sont donc allés suivre des cours du soir assurés par un professeur de collège disponible et sympathique. On a essayé de s'y mettre, de faire entrer ça dans nos classes et puis... on a laissé tomber. À quoi ça servait ? En quoi les élèves étaient-ils meilleurs ? On n'a jamais compris, et on a refait ce que l'on faisait avant.

ELLE. – Cela pose un problème de lien entre générations. En grammaire, nous avions tous, jeunes comme anciens, la même méthode et les mêmes références. C'était le Dauzat pour tous. C'est important la transmission ! Quand vous changez à tout bout de champ, vous interrompez quelque chose, la chaîne est brisée...

UN PROFESSEUR D'ÉCONOMIE

Vous m'avez posé deux questions sur mon métier d'enseignant. J'y ai réfléchi, sérieusement je crois. Conclusion : je ne vais pas y répondre. Du moins pas directement. Car je ne sais pas trop ce qui manque à mes élèves. À moins que je ne le devine trop bien...

En revanche, ce que je découvre autour de moi, depuis que j'appartiens à cet univers professionnel, ce sont des « collègues », des gens, des amis qui cherchent à assumer tant bien que mal un des grands principes oubliés autour duquel l'ensemble du système éducatif français est organisé et à partir duquel, à mon avis, tout peut être compris et analysé : l'obligation de scolarité.

Je crois que c'est ce principe-là, et ses conséquences pratiques, qui sont en crise car l'école, depuis quelques années, n'a plus les moyens de cette politique et de ses exigences. Que faire d'élèves démotivés ou qui ne perçoivent pas l'intérêt de ce qu'ils apprennent, quand, en outre, les enseignants disposent de moins en moins d'atouts et de ressources pour les encadrer ?

Ce beau principe, si généreux, qu'est l'obligation de scolarité, il y a bien longtemps maintenant que « le système » a délaissé ce qui en était le corollaire inévitable :

l'autorité et les moyens d'assumer, de résoudre les tensions que cette obligation ne peut manquer de susciter.

À quoi cela rime-t-il de préserver cette obligation, conjuguée à un souci « légitime » d'épanouissement de l'enfant, alors que les moyens humains, indispensables, ne suivent pas ?

À quoi cela rime-t-il de mettre des enseignants, des éducateurs, des conseillers principaux d'éducation devant des gamins qui intéressent avant tout les grands professionnels de la distribution et du commerce, qui ont su si bien en faire des cibles tout à la fois dociles et impitoyables ?

UNE EX-ENSEIGNANTE DE PHILOSOPHIE, EX-PRINCIPALE DE COLLÈGE

D'abord professeur de philosophie, elle a été la plus jeune principale de France avant de démissionner pour recommencer à enseigner Platon. Elle est passée dans le « privé » en 1988 après avoir repris ses études en droit. Elle dirige aujourd'hui un cabinet d'avocats. Nous lui avons soumis quelques copies de l'épreuve de philosophie au baccalauréat 1998.

Avec le recul, voici ce qu'elle nous dit sur un système qu'elle a bien connu.

« J'ai rendu mon tablier, comme tout le monde aurait pu le faire. On ne peut pas rester là-dedans sans risquer sa peau.

« J'ai corrigé le bachot pendant dix-huit ou dix-neuf ans. Les copies que j'ai lues sont semblables à celles que j'avais il y a dix ans, sauf que la langue s'est encore un peu plus dégradée, c'est tout.

« Je constate que mes collègues de philosophie sont pertinents et que l'exigence philosophique est restée la même. Une seule remarque – mais si j'en crois les observations dont vous me faites part, là encore les collègues n'ont pas varié : les deux premiers sujets sont bons – ce sont de vrais sujets de philosophie – mais le troisième est à supprimer de toute urgence. Là, toutes les copies sont vides, c'est le règne de la *doxa*, ou si vous préférez de l'opinion ; on croirait, pardonnez-moi, des copies de français du type "résumé-discussion". On voit bien que ce genre de sujet, avec ses questions faites pour grappiller des points, n'est là que pour permettre la survie du système. Il y a dix ans, on commençait déjà à bricoler pour que tout le monde ait 10 ou 8.

« Donc, apparemment rien n'a bougé, c'est légèrement pire, voilà tout. Ce qui a changé, au fond, c'est moi. J'ai aujourd'hui plus de recul, c'est-à-dire que je ne ressens plus cette colère que vous pouvez éprouver aujourd'hui. Il est très clair que si les professeurs étaient moins "pris" par leur métier, ils seraient davantage conscients de la situation.

« L'école est semblable à une nasse, où l'on ne peut rien faire bouger, où l'on n'a de pouvoir sur rien, ni sur le recrutement, ni sur les programmes, ni sur les horaires, ni sur l'organisation et l'usage des locaux, c'est-à-dire sur tout ce qui est important.

« Le professeur s'y trouve comme l'ouvrier dans les usines d'autrefois. Quant au chef d'établissement, il a une fonction ambiguë parce que en théorie il est le chef mais, dans les faits, il n'est chef de rien.

« Certes, à la différence des professeurs, il a un bureau, et dans cet océan de caporalisme, il peut se créer un petit chez-lui, avec son téléphone, des photographies de ses gosses et même quelques plantes vertes, ce à quoi a droit la moindre des secrétaires dans le privé. Ce "privilège" est essentiel, cela en fait une sorte d'idole ridicule mais révérée. Le professeur, lui, n'a droit à rien : il ne peut se poser nulle part, pas plus que les élèves…

« Le souvenir que je garde de mes dix-huit années d'exercice : le tourniquet perpétuel à chaque heure, au long de couloirs bruyants, dans des escaliers incommodes, une sorte d'absurde transhumance dans laquelle élèves et professeurs sont jetés par la sonnerie. Est-ce que l'on a le loisir dans ce maelström, de penser sérieusement à quoi que ce soit ? Encore moins à un élève en particulier.

« Pour quelqu'un qui est sorti du système, tout ceci

apparaît intolérable, incompréhensible et surtout archaïque. De tous les services publics, l'école est aujourd'hui le seul qui fonctionne encore de cette manière. C'est tout sauf moderne.

« L'institution semble n'avoir qu'un but : donner l'occasion à l'administration d'administrer. Il n'y a pas de réel, ni de prise sur le réel.

« Le ministre dit qu'il faut "mettre l'élève au centre", ce n'est pas forcément idiot, ce pourrait même être moderne. Mais entendons-nous : mettre l'élève au centre, c'est d'abord s'assurer qu'il sait lire, écrire, compter, puis qu'il acquiert une culture. Et s'il ne maîtrise pas les savoirs de base, alors il faut avant tout les lui apprendre ! Seulement ne mentons pas, s'il ne sait pas lire à quatorze ans, c'est fichu pour le bac et *a fortiori* pour des études après le bac. Mais tout le monde s'en moque, puisque le bac ne sert plus à rien et qu'il faut bac + 2 pour trier des boîtes de conserve dans les supermarchés. Ils auront donc tous le bac…

« Ce qui est rétrograde dans l'Éducation nationale, ce n'est ni le grec, ni le latin, ni la littérature française, ni la philosophie – cela, c'est l'unique trésor ! Ce qui est ringard, c'est la réunionnite, les bavardages pédagogiques, les lieux, les syndicats tels qu'ils fonctionnent, la prétention des uns à s'intituler "conseillers principaux d'éducation", des autres "chefs d'établissement", au lieu de "surveillants généraux" et "proviseurs", les rectorats, leur paperasserie, les technocrates de l'éducation, les sonneries toutes les cinquante-cinq minutes, etc. Tout ce bataclan s'agite et fonctionne pour la forme sans parvenir à régler le moindre problème. Par exemple : est-ce que les élèves sont capables de se déplacer en rangs par deux et en silence dans les couloirs comme il y a quarante ans ? Non ! Alors, il ne faut plus les faire se déplacer comme on le faisait jadis et trouver un autre moyen de préserver le calme.

« L'essentiel pour être moderne, ce serait de ne pas être hypocrite, prétentieux et au fond très conservateur.

« La vraie modernité, ce ne sont pas les ordinateurs. Est-ce que l'on a éprouvé le besoin d'introduire l'enseignement de la machine à laver dans les programmes des années

1960 ? La vraie modernité, ce serait, comme toujours, de se préoccuper d'enseigner le savoir, à tout prix et quelles que soient les méthodes.

« L'école, et c'est pour cela que je l'ai quittée, la mort dans l'âme, est la pire et la moins efficace des entreprises.

« Si l'on veut changer quelque chose, il faut remplacer cette usine à gaz par un système qui assure à tout le monde un niveau de culture décent. Et commencer par supprimer toutes ces options qui transforment l'emploi du temps d'un élève en horaire de la SNCF. Il n'y a pas d'options dans le savoir !

« Le système tel qu'il est ne saurait durer très longtemps. Hélas, je crains qu'à plus ou moins long terme ce ne soit le système américain qui s'impose : on n'apprend plus rien et on mange en cours ! »

Un proviseur

Nous avons rendu visite au proviseur d'un de ces lycées de centre-ville réputés accueillir une « clientèle » scolaire triée sur le volet, aussi bien dans ses classes préparatoires que dans ses classes pré-bac. L'établissement, en grande partie du XVIIIe siècle, vient d'être rénové : les lieux sont superbes. L'atmosphère du secrétariat est bon enfant, les élèves détendus, les professeurs y sont bien accueillis. Pour qui est de ce milieu, ce sont des signes qui ne trompent pas. Visiblement, Monsieur le Proviseur, la soixantaine souriante, distingué, décontracté dans un sportswear bien porté, a imprimé sa marque à l'établissement. Pourtant, le contact a du mal à s'établir. On tourne autour du pot pendant dix minutes.

– Que puis-je vous dire ? Savent-ils moins de choses qu'avant ? Je n'en suis pas certain.

– Nous ne parlons pas de « niveau qui monte ou qui baisse » mais, même chez les meilleurs, d'une diminution relative des repères culturels.

– C'est vrai que l'institution, par rapport à ce que l'on a pu connaître il y a vingt ou trente ans, met en avant des critères comme « l'adaptabilité » sur lesquels il y aurait beaucoup à dire...

Mais encore ? Veut-il parler de l'employabilité ? Nous avons l'impression que notre interlocuteur hésite à confier le fond de sa pensée. Pourtant, il part à la retraite au début de juillet. N'est-ce pas le moment de dire ce qu'il a sur le cœur ? Nous le lui demandons. Rire et haussement d'épaules.

– Écoutez, j'ai trop vu de changements. Je ne supporte plus ce qui se passe...

– Vous êtes donc désabusé ? Pouvez-vous nous dire pourquoi, nous donner des exemples de ce qui motive votre lassitude ?

– Un exemple : le courrier électronique. Notre académie reste aujourd'hui la seule, sur cinq au départ, à continuer d'expérimenter l'informatisation de la communication. Le principe est de rapprocher l'administration rectorale du terrain, pour s'assurer que les décisions prises ne vont pas à l'encontre de l'autonomie des établissements. Dans les faits, les demandes de l'administration rectorale tombent sans arrêt et il faut y répondre aussitôt. Cela entraîne une perte de sérénité et rend la réflexion impossible.

« Au fond, c'est tout le problème de la "commande institutionnelle". On a des concertations, des groupes de travail etc., mais qu'est-ce qui en sort ? L'autonomie des établissements n'existe que sur le papier. Dans la réalité, on a très peu de liberté.

– Et avec le conseil régional, quels ont été vos rapports ? Comment s'est déroulée la rénovation de votre établissement ?

– Disons que les établissements parlent pédagogie et les conseils régionaux un autre langage. Dans notre cas, en ce qui concerne le nombre de salles, notre liberté était totalement nulle. Lors de l'élaboration du projet, les professeurs de sciences ont estimé insuffisant le nombre de laboratoires. J'ai soutenu leur revendication. Que s'est-il passé ? Il existe, en la matière, un service rectoral qui aurait pu être consulté mais le conseil régional estimait que les normes de ce dernier étaient trop flexibles et a donc demandé une expertise à un cabinet de consultants.

– Payé par qui ? Choisi comment ?

– C'est un cabinet que le conseil régional avait déjà fait travailler. Payé combien ? Je l'ignore. Ce que je sais, c'est que ce cabinet s'est trompé dans son audit. Donc, on m'a demandé de présenter un nouveau projet. Je l'ai élaboré en prévoyant deux laboratoires supplémentaires. À partir de ce moment, nos relations avec le conseil régional se sont tendues : on m'a reproché d'avoir « perdu des élèves », comme si je pouvais quelque chose à la baisse démographique et au fait que la construction d'un nouveau lycée a abouti à faire chuter légèrement les effectifs ! Au bout du compte, la solution a été trouvée sous la forme d'un bâtiment que je vous montrerai tout à l'heure.

– Le conseil d'administration a-t-il eu son mot à dire ?

– Le conseil d'administration… En fait, il revient au chef d'établissement d'éviter les frictions. En agissant sur l'ordre du jour.

Silence. Nous essayons de reprendre le fil de la conversation.

– À la veille d'achever votre carrière, quelles conclusions tirez-vous de votre expérience ?

– Le plus négatif, ce sont les effets d'annonce. Un ministre parle, lance une idée, le public réagit, quant à nous, nous devons suivre. Le mouvement a commencé avec la réforme Haby. Depuis, chaque année au pire, tous les deux ou trois ans au mieux, cela continue, se répète.

– Votre sentiment est-il partagé par les autres chefs d'établissement ?

– Ils sont blasés.

– Alors le lycée du XXIe siècle, vous l'imaginez comment ?

– « L'élève au centre du système », c'était jouable il y a dix ans, après le vote de la loi de 1989. Aujourd'hui, c'est décalé. Tout a changé. Les demandes du public ne sont plus les mêmes, les valeurs collectives ont disparu, les élèves sont individualistes, ils cherchent à se débrouiller, à se tirer d'affaire, c'est tout.

– Et les professeurs ?

– On aurait pu alors réfléchir avec eux à une redéfinition du service… Aujourd'hui, elle se fait sans eux…

Un ange passe.

Il est tard. Avant de prendre congé, nous visitons l'établissement. Beau centre de documentation et d'information : mobilier adapté, insonorisation. Au premier, un ancien amphithéâtre de sciences naturelles a été transformé en salle de vidéo. Le nouveau bâtiment, avec les deux laboratoires de physique à l'étage et des gymnases au rez-de-chaussée, domine des terrains de sport.

L'asphalte fait des vagues. Nous le faisons remarquer. Rire et haussement d'épaules. Le chef d'établissement n'est pas le réceptionnaire des travaux.

Une dernière question : le coût de la rénovation.

– Au départ, 90 millions, plus les équipements pédagogiques, mais ces derniers ne sont pas du ressort du conseil régional, c'est l'inspection pédagogique qui s'en occupe.

On s'achemine vers la sortie. Arrivés à la grille, nous remercions Monsieur le Proviseur de son accueil.

– Où pouvons-nous vous faire parvenir notre livre ?

– Vous savez, ce n'est plus mon problème. (Sourire). Je pars loin de tout cela.

– Bien. Alors bonne retraite, Monsieur le Proviseur !

Table des matières

Composition : Facompo, Lisieux (14)

Achevé d'imprimer en septembre 1999
sur rotative Variquik
par l'imprimerie SAGIM à Courtry (77)

Imprimé en France

Dépôt légal : septembre 1999
N° d'impression : 3818